Hermann Müller

Müllers Sachtexte, Band 4
Wirtschaftskunde Heft 2
Geld und Banken

Hermann Müller

Wirtschaftskunde

Heft 2

Geld und Banken

Bibliografische Information der Deutschen Nationalbibliothek: Die Deutsche Nationalbibliothek verzeichnet diese Publikation in der Deutschen Nationalbibliografie; detaillierte bibliografische Daten sind im Internet über dnb.dnb.de abrufbar.

© 2017 Hermann Müller

Herstellung und Verlag:
BoD – Books on Demand, Norderstedt

ISBN 9783743181977

Inhaltsverzeichnis

Vorwort 7
Geld 9
Inflation 17
Darlehen 21
Sparvertrag 29
Banken 33
    Textbeitrag 37
Bausparkassen 69
    Textbeitrag 71
Versicherungen 87
    Textbeitrag 89
Grundstück 111
    Textbeitrag 112
Immobilienfinanzierung 117
    Textbeitrag 118
Effektivzinsermittlung 125
    Textbeitrag 127

Vorwort

Dieser Text ist als Konzept für eine Arbeitsgemeinschaft „Wirtschaftskunde" an einer Schule entworfen. Die hier gegebene Reihenfolge der Lektionen ist nicht zwingend. Die einzelnen Lektionen werden unterschiedlich viele Unterrichtsstunden beanspruchen, füllt die eine kaum eine Stunde, wird die andere mehrere Stunden benötigen.

Lehrmethode: Der Lernende lernt durch selbst tun: Er muss sich die erforderlichen Daten und die erforderlichen Methoden zur Bewertung selbst suchen und beschaffen. Diese Situation entspricht der Realität. Man bekommt die Informationen und das Wissen eben nicht auf dem silbernen Teller serviert, Wissen und Können sind Teil der Wirtschaft und bewirken den wirtschaftlichen Erfolg des Einzelnen.

Das über allem stehende Lehrziel ist es, das selbständige Denken und Bewerten zu lernen. Das Tumbe nachplappern „Das ist so!", „Das hat der [große Führer, Vorbild, Lehrer] gesagt!" schadet nicht nur im Bereich der Wirtschaft.

Die einzelnen Lektionen sind formal gleich aufgebaut:
- **Unterrichtsziel**
- **Vorbereitenden Aufgaben**.
  Sie werden mindestens eine Woche **vor** der entsprechenden Unterrichtseinheit verteilt.

- **Hilfsmittel.**
  - Taschenrechner mit Potenzfunktion (x^y)
  - Rechner mit Netzanschluss. Bei allen Arbeiten im Netz immer auf den eigenen Datenschutz achten: niemals (eigene) persönliche Daten (Name, Anschrift, Geburtsdatum, Bankverbindung) angeben! Diese Regel ist ein wichtiger immer wieder zu wiederholender Teil des Lehrstoffs!
  – Office-System
    – (www.de.OpenOffice.org);
    – (www.libreoffice.de):
    – Textsystem; Tabellenkalkulation

Die Fähigkeit in diesen Programmen, wenigstens einfache Bedienungsaufgaben auszuführen, wird erwartet.

- **Fähigkeiten (in Heft 1 behandelt)**
  Die mathematischen Fähigkeiten geben eine logische Folge an. Die Angabe einer höheren Stufe beinhaltet die davor liegenden. Die mathematischen Fähigkeiten sollten nur angewendet werden, wenn diese zuvor im allgemeinen Mathematikunterricht gelehrt (und auch gelernt!) wurden.
    - Grundrechenarten
    - Dreisatz
    - Prozentrechnung
    - Einfache Zinsrechnung
    - Potenzrechnung
    - Zinseszinsrechnung
    - Rentenrechnung (mathematische Renten)
- **Lehrstoff**
  Hier werden teilweise nur die Stichwörter genannt.
- **Vertiefung; Literaturhinweise; Querverweise**
- **Nachlaufende Aufgaben**
  Hinweise zum selbständigen Vertiefen des Stoffes, ohne dass dies im Unterricht nachgearbeitet oder kontrolliert wird.
- **Textbeitrag**
  Bei einigen Lektionen gibt es längere Gesamtdarstellungen.

Geld

Lehrziel
    Geld in seinen Funktionen und Wirkungen kennenlernen.
    Geld als eine verrückte Idee (Erfindung) erkennen.

Vorbereitende Aufgaben
    Keine

Hilfsmittel
    Standard

Fähigkeiten
    Grundlagen

Lehrstoff
Geld ist ein unvollständiger Tausch:
    Tausch: Ware 1 ↔ Ware 2
    Kauf mit Geld: Ware 1 ↔ Geld ↔ Ware 2
Was ist „Geld"?
Bargeld
- Münzen, geprägtes Metall
- Noten, bedrucktes Papier („Banknoten")
- Buchgeld: dargestellt allein als Eintragung auf einem Konto; transportabel pauschal durch das „Plastikgeld".

Gefahr bei Bargeld: Verlust durch Diebstahl, Raub, Beschlagnahme, Fälschung.

Gefahr bei Buchgeld: Beschlagnahme, betrügerische Abbuchung, Verlust der Plastikkarte.

Banknoten werden von (genauer: im Auftrag von) der Bundesbank bzw. EZB (Europäische Zentralbank) hergestellt. Die Produktionskosten trägt die den Auftrag gebende Bundesbank bzw. EZB.

Die geprägten Münzen werden im Auftrag der Bundesregierung (in Abstimmung mit der Bundesbank und EZB) hergestellt. Die Herstellungskosten trägt die Bundesregierung (bzw. der jeweilige Staat der Europäischen Union).

Die Herstellungskosten einer Münze können unter oder über deren Nennwert liegen. Münzverluste und Münzgewinne werden über den jeweiligen Staatshaushalt ausgeglichen.

Ist der Materialwert einer Münze höher als ihr Nennwert, dann besteht die Gefahr, dass diese Münze als Altmetall gesammelt, eingeschmolzen und verkauft wird.

Wissenschaftliche Definition.

M1 umfasst das umlaufende Bargeld (ohne Kassenbestände der Banken) und die Sichteinlagen (Guthaben auf Girokonten) inländischer Nichtbanken bei den Kreditinstituten.

M2 beinhaltet M1 und zusätzlich alle Termineinlagen inländischer Nichtbanken bei den Kreditinstituten mit Befristung bis zu vier Jahren.

M3 beinhaltet M2 und zusätzlich die Spareinlagen mit gesetzlicher Kündigungsfrist.

Aufgaben (Funktionen) von Geld.
  Recheneinheit zur Wertbestimmung von Gütern und Dienstleistungen
  Zahlungsmittel
  Wertaufbewahrungsmittel

Geld als Recheneinheit für Werte.

Da der Wert aller Güter in Geld ausgedrückt wird, wird bei Werten eben diese Währungseinheit (bei uns früher DM, jetzt Euro) auch als Recheneinheit verwendet.

Das Geld kann diese Eigenschaft der Recheneinheit verlieren, dann wird in anderen „Einheiten" gerechnet. So wurde nach dem II. Weltkrieg in den Jahren 1945 folgende (als Nebenwährung) die „Zigarettenwährung" gebräuchlich. Es wurde in Päckchen oder Stangen Zigaretten gerechnet, eventuell sogar mit unterschiedlichen Werten für verschiedene Zigarettenmarken. - Nach der Umstellung von DM auf Euro haben viele noch lange Zeit (manche bis heute) statt in Euro weiter in DM gerechnet.

Geld als Zahlungsmittel

Das Notenbankgeld ist bei uns „gesetzliches Zahlungsmittel": Eine Schuld, in einem Geldbetrag bemessen, kann durch Übergabe der entsprechenden Menge Geld getilgt werden. Das Notenbankgeld muss grundsätzlich als Schuldtilgung angenommen werden. ABER: Münzen, insbesondere Scheidemünzen (= die Münzen unter 1 Euro) nur in begrenzter Menge. Es ist also nicht möglich eine Schuld über 10.000 Euro durch Übergabe von 1.000.000 Ein-Cent-Münzen zu tilgen, der Gläubiger kann, muss aber nicht, diese Art der Zahlung annehmen. Die Finanzämter gehen inzwischen dazu über, die Steuerschulden nur noch durch Überweisung nicht aber durch Barzahlung begleichen zu lassen. Der Staat missachtet hier seine eigenen Gesetze.

Es besteht die Tendenz, das Bargeld aus dem Zahlungsstrom zu verdrängen und durch „Plastikgeld" zu ersetzen, weil einerseits die Überweisung weniger Kosten macht, als die Handhabung mit Bargeld und weil andererseits der Geldfluss als Überweisung leicht, als Bargeldzahlung praktisch nicht (vom Staat) kontrolliert werden kann.

Geld als Wertaufbewahrungsmittel

Bei der Frage, ob Geld in der bei uns heute üblichen Form (noch) als Wertaufbewahrungsmittel geeignet ist, ist eine Frage des Glaubens und Vertrauens.

Bargeld hat heute praktischen keinen Materialwert. Ein Bündel Geldscheine kann von einem zum nächsten Augenblick jederzeit als ungültig und damit als wertlos erklärt werden. Dem Volk wird eine derartige Entscheidung dann gern als Schlag gegen die Kriminalität verkauft, die angeblich bei ihren Geschäften nicht nur dieses Bargeld verwendet (was stimmt) sondern auch darauf angewiesen sei (was nicht stimmt). Bargeld taugt also als Wertaufbewahrungsmittel, jedenfalls über längere Zeit, nicht.

Buchgeld, Guthaben auf Bankkonten, kann jederzeit vom Staat beschlagnahmt werden, Konten können jederzeit gesperrt und damit praktisch enteignet werden. Allein schon diesen Gründen taugt Buchgeld nicht als Wertaufbewahrungsmittel. Außerdem muss immer bedacht werden, das Giroguthaben nichts anderes als Forderungen an die Bank sind, und wenn die Bank zahlungsunfähig wird, sind diese Forderungen verloren.

Geld als Wertaufbewahrungsmittel hängt allein vom Glauben an die Beständigkeit und den guten Willen der Banken, der Zentralbank, des Staates ab.

Geld ohne Zentralbank

Geld, das nicht Zentralbankgeld ist, könnte das heute gängige Zentralbankgeld ablösen. Damit wären die Eingriffe und Manipulationen einer Zentralbank verhindert. Denkbar ist, dass mehrere Währungen gleichzeitig und nebeneinander benutzt werden. Diese mehreren Währungen können sein:

- Zentralbankgeld einer anderen Zentralbank (im Euro-Raum parallel US-Dollar);
- Lokale Währungen neben dem örtlichen Zentralbankgeld (schon heute in einigen kleinräumigen Gebieten vorhanden; diese lokalen Währungen sollen das Abwandern des Geldes in gebietsfernere Landesteile erschweren; Motiv: lokale Wirtschaftsförderung)
- Kryptowährungen

Vertiefung; Literaturhinweise; Querverweise
Inflation
Deflation
Geldwert, Index
Banken

Nachlaufende Aufgaben
Keine

Textbeitrag

<u>Vom Geld</u>

Neulich - ich weiß nicht, ob das Wesen da schon Mensch war oder noch nicht - also neulich kam so ein Tiermensch auf die Idee, dass er etwas haben wollte, was ein anderer Tiermensch gerade hatte. So einfach wegnehmen ging diesmal nicht, der andere ist genauso stark und ein Kampf darum lohnt nicht. Also beschafft sich unser erster Tiermensch etwas, was vielleicht der andere haben möchte – und dann geht er zu dem anderen hin und bietet dem an: gib mir, was du hast, und ich gebe dir, was ich habe! Und dies ist die Geburtsstunde des globalen, internationalen, weltumspannenden, allen Gewinne bringenden Tauschhandel.

Der Tauschhandel ist der einzige beständige Handel. Auch heute noch. Nach dem Krieg (1945) wurde viel getauscht („Wer sein Leben liebt: Der schiebt; wem Ehrlichkeit im Blute rauscht: Der tauscht; wem beide Wege sind verbaut: Der klaut!"). In Gefängnissen wurde auch später noch getauscht. Und der Tauschhandel ist auch später noch international: der ganze Interzonenhandel zwischen Ost- und Westdeutschland war ein Tauschhandel.

Der einfache Tauschhandel ist recht beschwerlich. Was ist, wenn die zu tauschenden Dinge nicht auf das nötige Interesse treffen? Muscheln, Schnecken, Hummer mögen für andere sehr wertvoll sein, ich mag sie alle nicht, also haben diese Dinge in meinem Wertmaßstab keinen Wert, ich werde nichts dafür geben. Umgekehrt wird der Anbieter dieser Dinge vielleicht mit meinem Angebot nichts anfangen können. Der Tausch im Duett ist also mühsam, besser geht es schon beim Tausch im Dreieck: A gibt B; B gibt C; C gibt A. Noch immer nicht optimal, aber doch schon deutlich besser. Je mehr Personen also in den Tausch einbezogen werden, um so größer die Wahrscheinlichkeit, dass jeder das bekommt, was er am liebsten gerne haben möchte.

Und da kam ein Unbekannter auf die entscheidende Idee: Wir brauchen ein Ding, ein Wirtschaftsgut, dass möglichst alle gerne haben wollen. Und dann tauschen wir alle anderen Dinge gegen dieses eine Superwirtschaftsgut – und dieses Superwirtschaftsgut nennen wir „Geld". Das waren im einem Fall Muschelschalen, die man am Meeresstrand suchen und sammeln musste, das waren im anderen Fall dicke große Mühlsteine, im dritten Fall waren es hübsche Steine, die man aus der Erde graben konnte, und in einem weiteren Fall war es Gold, das man aus dem Sand waschen konnte. Aus dem Gold wurden bestimmte Mengen in bestimmte Formen gepresst, die so geprägten Münzen waren erfunden als Teil des Geldes. Man schleppte sein Gold- und Silber-Geld nun in Säcken mit sich herum, und weil es sich besser tragen ließ, im Geldgürtel, so wie manche heute ihren Sprengstoffgürtel oder Globetrotter wieder ihr (Papier-)Geld im Gürtel verstecken.

Und mit dem Geld kam eine neue Art des Betruges. Die Grafen von Mansfeld pressten („prägten") ihre Münzen falsch: innen Ton außen etwas Metall. Dies war die Inflation: Das Geld wurde schlechter.

Aber längst hatte man auch gelernt, dass es doch auch viel leichter geht, leichter im ureigentlichsten Sinn. Man malte auf Papier, behauptetet diese Papierstücke seien so viel Wert wie eine bestimmte Menge Gold. Und man malte immer größere Zahlen auf das gleiche Stück Papier. Das war die Voraussetzung für die galoppierende Inflation. Schöne neue Zeit der Geldwirtschaft. Nur in manchen Krisen- und Mangelzeiten, wie nach dem letzten Weltkrieg, da entsinnen sich alle des guten alten realen Tauschhandels – und betrogen zeitgemäß: statt Butter in der Verpackung nur etwas Kartoffelbrei.

Geld, egal, in welcher Form es auftritt, hat immer drei Funktionen: a) Recheneinheit; b) Zahlungsmittel; c) Wertaufbewahrungsmittel.

Recheneinheit. Alle rechnen heute in Euro, manche gelegentlich auch noch in der guten alten DM. Andernorts rechnet man in der jeweiligen Landeswährung. Früher, irgendwo in Muschelschalen, Ziegen, Kamelen, in Zigarettenstangen oder „Lullen" (Zigarette, Ausdruck im Knast). Die Währungseinheit ist also Wertmaßstab, alles ist eine bestimmte Menge an Währungseinheiten wert.

Zahlungsmittel. Wer etwas zu bezahlen hat, der zahlt in Geld, bei uns in Euro. Der Euro ist unsere Landeswährung, jeder darf eine Schuld in Euro bezahlen, jeder muss den Euro als Zahlungsmittel annehmen. Schön, wenn das freiwillig geschieht. Aber da auf die Freiwilligkeit kein Verlass ist, hilft der Staat mit entsprechenden Gesetzen dem freien Willen etwas nach. Für Geldscheine besteht Annahmepflicht, auch bei größeren Beträgen, nicht aber für Münzen. Nur der Staat selbst hält sich (rechtswidrig) nicht immer an seine eigenen Gesetze und verlangt bisweilen die „unbare" Zahlung.

Wertaufbewahrungsmittel. Wer sein Geld nicht sofort wieder ausgeben will, der „spart" es. Schon als Kind lernte ich, das Sparen grundsätzlich etwas Gutes sei, sozusagen Sparen als Selbstzweck. Sparen hat aber nur einen Sinn, wenn das Gesparte seinen Wert behält. Wir sparen also heute in Euro und hoffen, dass diese gesparten Euro noch ihren/einen Wert haben. Theoretisch wissen wir, wir sollten es mindestens wissen, dass dies nicht so ist. Allein die Inflation entwertet unser Geld von Jahr zu Jahr um über 2 Prozent. Das weiß auch die Bundesbank oder heute die EZB. Lange wurde die Behauptung „Mark ist Mark" oder heute eben „Euro ist Euro" hochgehalten. Indexabsicherungen waren verboten. Langsam bröckelt diese Festung – nur welche Folgen das hat und wie diese sich auswirken, will keiner offen sagen.

Also zurück: Unsere Währung („währen" = dauern, beständig sein) ist, wie jede Währung ein Wertaufbewahrungsmittel – mindestens kurzzeitig.

Was ist „Geld"? Für uns Normalbürger ganz klar: die paar Scheine und Münzen in unserer Tasche, also die gedruckten Geldscheine und die geprägten Münzen. Die Wirtschaftsfachleute aber definieren anders, sie kennen die Geldmenge M_1 (die 1 als tiefgestellten Index) sowie die Geldmengen M_2 und M_3.

Die Geldmenge M_1 umfasst: das umlaufende Bargeld (ohne Kassenbestände der Banken) und die Sichteinlagen inländischer Nichtbanken bei den Kreditinstituten.

Die Geldmenge M_2 umfasst: die Geldmenge M_1 und zusätzlich alle Termineinlagen inländischer Nichtbanken bei den Kreditinstituten mit Befristung bis zu vier Jahren.

Die Geldmenge M_3 umfasst: die Geldmenge M_2 und zusätzlich die Spareinlagen mit gesetzlicher Kündigungsfrist.

Geldumlauf, Umlaufgeschwindigkeit. Das Geld geht von einem zum anderen, das ist der Geldumlauf. Die Häufigkeit, mit der das Geld (zum Beispiel ein 50-Euro-Schein) innerhalb eines Jahres seinen Besitzer wechselt, ist die Umlaufgeschwindigkeit. Nun gibt es kein Instrument, diese Umlaufgeschwindigkeit zu messen, und es kommt ja auch nicht darauf an, wie viel Mal dieser eine Schein mit der aufgedruckten Nummer xy von Hand zu Hand geht, sondern es geht um die gesamte Menge Geld und deren Umlaufgeschwindigkeit ist von erheblicher Bedeutung.

Man weiß, dass schmutzige oder zerrissene Scheine oder sehr abgegriffene Münzen schneller ausgegebenen werden (schneller „umlaufen" = höhere Umlaufgeschwindigkeit) als schöne neue Scheine oder vor allem neue sauber geprägte Münzen. Hier zeigt sich ein für alle Wirtschaftler wichtiger Sachverhalt: Schlechtes Geld hat eine höhere Umlaufgeschwindigkeit als Gutes. Diese Regel gilt auch für schlechtes Geld im Sinn von Geld, das wenig Wert hat. Oder anders: Durch Inflation verschlechtertes Geld läuft schneller um – und erhöht so die Inflation! Die Umlaufgeschwindigkeit des Geldes ist also, obwohl direkt nicht messbar, für unsere Wirtschaft von großer Bedeutung.

Wie viel Waren können mit einer bestimmten Menge Geld, zum Beispiel jenem 50-Euro-Schein, in einem Jahr gekauft werden? Klar, zunächst einmal für eben diese 50 Euro, wenn nun der Verkäufer diesen Schein aber sofort weiter gibt, um andere Ware zu kaufen, dann wurde bereits für diesen einen Schein von 50 Euro Waren für 2 mal 50 Euro also für 100 Euro gekauft. Und wenn der Schein dann noch ein paar Mal den Besitzer wechselt, dann erhöht sich die dadurch gekaufte Warenmenge weiter. Allgemein gilt, das Produkt aus Geldmenge und Umlaufgeschwindigkeit gibt genau den Wert der Menge an Waren an, die in dieser Zeit gekauft werden können.

Nun ist aber zugleich die gesamte Menge an Waren multipliziert mit dem Preis dieser Waren der Betrag, den wir eben als Produkt von Geldmenge und Umlaufgeschwindigkeit kennenlernten. Es gibt also eine einfache Gleichung, die immer stimmt:

Geldmenge * Umlaufgeschwindigkeit = Warenmenge * Warenpreis

Und jetzt erkennen wir sofort: Wenn eine größere Geldmenge und/oder Umlaufgeschwindigkeit auf eine konstante Warenmenge stößt, dann kann sich nur der Preis dieser Warenmenge erhöhen – und das ist Inflation. Lässt sich aber die Warenmenge erhöhen, ohne dass der Warenpreis steigt – dann ist das Wirtschaftswachstum! Die Kunst der Wirtschaftspolitik der Regierung und der Zentralbank ist immer, durch eine Änderung der Geldmenge möglichst nur das Wachstum zu fördern und nicht in die Inflation abzugleiten.

Und was ist, wenn bei gleicher Geldmenge sich die Umlaufgeschwindigkeit des Geldes verringert, weil die lieben Geldbesitzer lieber ihr Geld in der Tasche behalten, also sparen? Dann muss, bei gleicher Warenmenge, der Preis fallen – und das ist die gefürchtete Deflation, das Gegenteil der Inflation. Gefürchtet, weil es für die Regierung und die Zentralbank kein Mittel gibt, daran etwas zu ändern. Auch mehr Geld in den Kreislauf geben, hilft nicht. Wenn die Leute kein billiges Geld haben wollen, ist die Zentralbank machtlos. Diese Situation ist zurzeit ungefähr gegeben: Die EZB gibt den Banken jede geforderte Menge Geld. Die Geldtheoretiker kennen den Vergleich: Man kann den Esel am Saufen hindern (= das Geld verknappen) und ihn gegen seinen Willen verdursten lassen (= die Wirtschaft abwürgen), aber umgekehrt kann man ihn zwar ans Wasser führen (= viel Geld anbieten), saufen muss er selber (= Kredite anfordern). Aber manchmal will der Esel eben nicht – und ist damit sehr menschlich.

Und wie misst man nun den Wert des Geldes? Nun, den Wert von einem Kilo Fleisch messen wir in dessen Preis, also einer Menge Geld, und den Wert einer Palette Fliesen messen wir ebenfalls in deren Preis, also wieder in einer Menge Geld, und so messen wir den Wert aller verfügbaren Güter immer in deren Preis, also immer in einer bestimmten Menge Geld.

Umgekehrt messen wir den Wert des Geldes in einer bestimmten Menge Waren. Wir fragen jetzt: Wie viel Ware bekomme ich für eine bestimmte Menge Geld? Oder, wie viel muss ich für eine bestimmte Menge Ware geben? Nur nehmen wir dafür nicht eine einzelne Ware, sondern einen ganzen „Warenkorb", eine bestimmte Menge verschiedener Waren, also ein paar Kilo Fleisch, etwas Heizöl, eine Bahnfahrkarte und noch vieles mehr, das alles ist unser „Warenkorb" und dann fragen wir, wie viel Geld muss für diesen Warenkorb gegeben werden, heute, vor einem Jahr, vor zehn Jahren. Und das ergibt einen „Index", eigentlich eine Zeitreihe von Indexzahlen.

Es gibt verschiedene Indices, für einzelne Warengruppen, für bestimmten Haushaltsbedarf, für Verbraucher und Verbrauchergruppen. Unser normaler „Indes der Lebenshaltungskosten" bezieht sich auf eine Familie, bestehend aus Vater, Mutter und zwei Kindern, einem Mädchen und einen Jungen bestimmten Alters. Es gibt auch einen „Rentnerindex", denn Rentner haben einen anderen Warenkorb als unsere Statistikfamilie.

Das mag als Ausblick auf die Kunst der Volkswirtschaft für heute genügen. - Wenn Sie wollen, dann demnächst etwas mehr.

Inflation

Lehrziel
Die Inflation als Problem (für den Sparer) und Chance (für den Schuldner) zu erkennen.

Vorbereitende Aufgaben
Keine

Hilfsmittel
Standard

Fähigkeiten
Grundlagen
Geld

Lehrstoff

Inflation: Entwertung, Geldentwertung (Anstieg des Preisniveaus).

Deflation: Gegensatz zur Inflation (Absenken des Preisniveaus).

Gemessen wird eine Inflation bzw. Deflation über einen Index.

Unsere Zentralbank (früher Bundesbank zu DM-Zeiten; jetzt EZB [Europäische Zentralbank]) plant eine jährliche Geldentwertung um zwei Prozent ein, sie nennt dies „Geldwertstabilität". Die tatsächliche Geldentwertung lag in der DM-zeit – über die ganze Bestandszeit der DM gemessen – zwischen zwei und drei Prozent.

Die Inflation ist eine mehr oder minder schleichende und heimliche Entwertung aller Nominalvermögen. „Nominalvermögen" sind Vermögen, die auf eine bestimmte Menge der amtlichen Währung (früher DM, jetzt Euro) lauten.

Nutznießer einer Inflation sind alle Schuldner, deren Schulden in Nominalwerten bezeichnet sind (vorwiegend also der Staat und seine Gliederungen).

Geschädigte einer Inflation sind die Gläubiger, die ihr Vermögen in Nominalwerten halten, praktisch also vor allem der Bürger als kleiner Sparer.

Inflation ist eine Enteignung!
Die Inflation wirkt um so empfindlicher, je länger die Laufzeit n und je höher die Inflationsrate ist.

Realwert einer Währungseinheit nach n Jahren bei einer Inflationsrate von ... Prozent (Formel: Zinseszinsrechnung, Abzinsungsfaktor v=1/r; Tabellenwert = v^n) bei einer Inflationsrate in Prozent

n	1	2	2,5	3	4	5	6
10	0,90529	0,82035	0,78120	0,74409	0,67556	0,61391	0,55839
20	0,81954	0,67297	0,61027	0,55368	0,45639	0,37689	0,31180
30	0,74192	0,55207	0,47674	0,41199	0,30832	0,23138	0,17411
40	0,67165	0,45289	0,37243	0,30656	0,20829	0,14205	0,09722
50	0,60804	0,37153	0,29094	0,22811	0,14071	0,08720	0,05429
60	0,55045	0,30478	0,22728	0,16973	0,09506	0,05354	0,03031
70	0,49831	0,25003	0,17755	0,12630	0,06422	0,03287	0,01693
80	0,45112	0,20511	0,13870	0,09398	0,04338	0,02018	0,00945
90	0,40839	0,16826	0,10836	0,06993	0,02931	0,01239	0,00528
100	0,36971	0,13803	0,08465	0,05203	0,01980	0,00760	0,00295

Berechnung des kombinierten Aufzinsungsfaktors von Nominalzinssatz und Inflationsrate.

Das Kapital wird in jedem Zinsintervall:
    Mit dem Nominal-Aufzinsungsfaktor aufgezinst (erhöht)
    Mit dem Abzinsungsfaktor der Inflation abgezinst (erniedrigt).

Kombifaktor = $v_{Inflation} * r_{Nominalzinsen}$
Beispiel 1:
    Laufzeit: n = 1
    Nominalzinssatz 5 Prozent, r = 1,05
    3 Prozent Inflationsrate (Abzinsungsfaktor) v = 1/(1+3/100) = 0,9708737864
    genaue Rechnung für n = 1: 0,9708737864 * 1,05 = 1,01941747572
    Näherung: 5 -3 = 2; Faktor: 1,02

Beispiel 2:
Laufzeit: n = 2
Nominalzinssatz 5 Prozent, r = 1,05
3 Prozent Inflationsrate (Abzinsungsfaktor) v = 1/(1+3/100) = 0,9708737864
genaue Rechnung für n = 1: $0,9708737864^2 * 1,05^2$ = 1,03921198978
Näherung: 5 -3 = 2; Faktor: $1,02^2$ = 1,0404

Unter Berücksichtigung der Tatsache, dass mindestens die Inflationsrate über Jahre nicht exakt konstant ist (sie schwankt um ganze Prozentpunkte!), reicht in der Praxis die einfache Näherungslösung sicher.

Altersvorsorge

Eine Altersvorsorge durch Sparen in Nominalwerten ist wegen der Inflation praktisch nicht möglich, denn je länger die Laufzeit ist, um so größer ist der Inflationsverlust.

Die Forderung: Beginne in jungen Jahren für das Alter zu sparen, dann sind die erforderlichen Sparraten gering, ist wegen der Inflation falsch.

Steuern

Wir nehmen folgende Ausgangswerte an:
Kapital: 100
Nominalzinssatz: 5 Prozent
Inflationsrate: 3 Prozent
Steuersatz auf die Zinserträge: 30 Prozent

Dies ergibt diese Rechnung:
  5   Zinsertrag (Nominalertrag)
- 3   Inflationsminderung
= 2   Zinsertrag, real
- 1,5   Steuer, berechnet auf den Nominalertrag (5*0,3=1,5)
= 0,5   Zinsertrag, real nach Inflation und Steuern

Staat und Inflation

Der Staat ist als größter Schuldner Inflationsgewinnler. Er gewinnt durch die Entwertung des Kapitals.

Der Staat ist über seine Steuern und insbesondere die Steuerprogression erneut Inflationsgewinnler, denn der Geldgeber versucht durch höhere Nominalzinsen die Inflationsverluste auszugleichen.

Um das für den Sparer (Bürger) sinnlose Sparen anzuregen, fördert der Staat das Sparen mit Sparprämien, die er aus seinen Inflationsgewinnen finanziert.

Vertiefung; Literaturhinweise; Querverweise
    Geld
    Banken
    Lebensversicherung
    Altersvorsorge

Nachlaufende Aufgaben
    Keine

Textbeitrag (Inflation)
    Nein

Darlehen

Lehrziel
    Arten (typische Merkmale) von Darlehen.
    Darlehensbedingungen

Vorbereitende Aufgaben
    Keine

Hilfsmittel
    Standard

Fähigkeiten
    Grundlagen

Lehrstoff

Der Preis für geliehenes Geld (Kapital) ist der Zins. Dieser Preis wird üblicherweise in Prozent (einem Prozentsatz) pro Zeiteinheit, üblicherweise pro Jahr, bestimmt, dies ist der **Nominalzinssatz**. Der Zinssatz kann prinzipiell jeden beliebigen Wert annehmen, insbesondere kann er als Prozentsatz eine gebrochene Zahl sein, zum Beispiel: 5 % oder 3,874 %.

Vor kaum 50 Jahren, als man noch keine leistungsfähigen Rechenmaschinen hatte, wurde die Zinsberechnung mit Tabellenbüchern gemacht, diese enthielten nur einige wenige Zinssätze (die vollen Prozentsätze [1; 2; 3; 4; 5; 6; 7; 8; 10] sowie die Zehntelteilung [zum Beispiel: 5,0; 5,1; 5,2 ...], oft jedoch nur Einhalb-Prozentteilung und Einviertel-Prozentteilung.

Zur Feinabstimmung des Zinses wurden andere Darlehensbedingungen eingesetzt. Dieser Kunstgriff ist bei den heutigen Maschinen nicht mehr nötig. Trotzdem werden diese besonderen Darlehensbedingungen heute noch oft – in der einen oder anderen Formulierung – angewendet, wobei die Unwissenheit der Darlehensnehmer ganz bewusst ausgenutzt wird.

Der Versuch, sich hier über „Effektivzinsangaben" zu helfen, ist nur eine Krücke mit vielen Ungenauigkeiten.

Darlehensverkauf, Kreditverkauf.

Der Darlehensgeber (Bank, Versicherung) behält sich (meist) das Recht vor, den Kredit an Dritte zu verpfänden oder zu verkaufen, ohne dass es einer Zustimmung des Darlehensnehmers bedarf. Dies führt sehr oft zu einer rechtlichen Schlechterstellung des Darlehensnehmers.

Der Ausschluss des Kreditverkaufs, wenn überhaupt möglich, muss mit einem höheren Zinssatz bezahlt werden.

Agio (Aufgeld)

Das Darlehen muss mit einem Aufgeld zurückgezahlt werden. Die Höhe des Agios wird üblicherweise in (Jahres-)Prozent des Nennwertes des Darlehens angegeben.
Beispiel:
Darlehensbetrag: 100 (Nennbetrag)
Agio: 2 %
Rückzahlungsbetrag: 102 (= 100 + 2)
Der Wert eines Agios hängt immer von der Laufzeit des Darlehens und zum Teil anderen Darlehensbedingungen ab. Beispiel: Bauspardarlehen.

Disagio (Abschlag)

Das Darlehen wird nur mit einem Abschlag ausgezahlt. Die Höhe des Disagios wird üblicherweise in (Jahres-)Prozent des Nennwertes des Darlehens angegeben.
Beispiel:
Darlehensbetrag: 100 (Nennbetrag)
Disagio: 2 %
Rückzahlungsbetrag: 100,
Auszahlungsbetrag: 98.
Der Wert eines Disagios hängt immer von der Laufzeit des Darlehens und zum Teil anderen Darlehensbedingungen ab.

Tilgungsabschreibung

Die Tilgungsabschreibung kann, muss aber nicht, mit den Zahlungsterminen zusammenfallen. Üblich sind:
- Jährliche Zahlung, jährliche Tilgungsabschreibung
- Unterjährige Zahlung, jährliche Tilgungsabschreibung

- Unterjährige Zahlung, unterjährige Tilgungsabschreibung, Termine decken sich
- Unterjährige Zahlung, unterjährige Tilgungsabschreibung, Termine decken sich nicht.

Sondertilgungsrecht

Manche Darlehen darf der Darlehensnehmer – mit oder sogar ohne Zustimmung des Gläubigers – ganz oder in Teilen außer der Reihe tilgen. Dieses Recht kostet oft einen höheren Nominalzinssatz. Anwendung: generell Bauspardarlehen; sonst besondere Vereinbarung nötig.

Gebühren, Nebenkosten

(Darlehens-)Gebühren werden nicht als Zinsen angesehen. Sie sind aber Kosten des geliehenen Geldes und müssen daher in jede vergleichende Effektivzinsberechnung einbezogen werden.
- Vertragsabschlussgebühr (Bausparkassen!)
- Kreditvermittlungskosten
- Darlehensauszahlungsgebühr (Bausparkassen)
- (Jährliche) Kontoführungsgebühr
- Buchungsgebühr für jeden einzelnen Posten auf dem Konto
- Nebenkosten
- Kosten einer Kreditversicherung
- Kosten einer Lebensversicherung (als zusätzliche Kreditabsicherung: Bausparkassen)
- Kosten einer Grundbucheintragung (Kostenordnung, bei Notar noch Mehrwertsteuer, meist Porto und Schreibgebühren)
- Eintragung, Notar
- Eintragung, Grundbuchamt
- Löschung, Notar
- Löschung, Grundbuchamt

Unterjährige Zahlungsweise

Der Zinssatz wird als Jahreszinssatz (Nominalzinssatz) vereinbart. Gleichzeitig wird aber eine unterjährige Zahlungsweise für Zinsen (und Tilgungen) vereinbart.

Zinsdarlehen

Der volle Darlehensbetrag wird am Anfang in einem Betrag aufgenommen und am Ende der Laufzeit in einem Betrag (+ Zinsen) zurückgezahlt.

Zeit Periode	Tilgung	Zinsen	Zahlbetrag	(Rest)Kapital	Bemerkung
Zinsdarlehen Darlehen: 100; Zinssatz: 5 %					
0	-	-	-	100	Darlehensaufnahme
1	-	5	5	100	
2	-	5	5	100	
3	100	5	105	0	Darlehenstilgung

Ratendarlehen

Der volle Darlehensbetrag wird am Anfang in einem Betrag aufgenommen und zu festgelegten Zeitpunkten in festen Raten zurückgezahlt. Die jeweils anfallenden Zinsen werden (meist – nicht zwingend) zusammen mit den Tilgungsraten gezahlt. Nachteil: Die jeweils zu zahlenden Beträge sind unterschiedlich.

Zeit Periode	Tilgung	Zinsen	Zahlbetrag	(Rest)Kapital	Bemerkung
Ratendarlehen Darlehen: 100; Zinssatz: 5 %; jährliche Tilgung 20					
0	-	-	-	100	Darlehensaufnahme
1	20	5	25	80	
2	20	4	24	60	
3	20	3	23	40	

Ratendarlehen Darlehen: 100; Zinssatz: 5 %; jährliche Tilgung 20					
Zeit Periode	Tilgung	Zinsen	Zahlbetrag	(Rest)Kapital	Bemerkung
4	20	2	22	20	
5	20	1	21	0	

Annuitätendarlehen

Der Zahlbetrag bleibt über die gesamte Laufzeit gleich, die durch die laufende Tilgung sich ergebende Zinsersparnis wird der laufenden Tilgung zugeschlagen.
Nominalzinssatz und Nominaltilgungssatz, jeweils bezogen auf das Anfangsdarlehen (Nominaldarlehensbetrag), werden üblicherweise in Jahresprozentsätzen angegeben.
Beispiel:
  Zinsen: 6 %
  Tilgung: 2 %
  Annuität: 8 % (das Darlehen ist in rund 25 Jahren getilgt)
Es gilt allgemein für jede Periode:
  Zahlbetrag (Annuität) = Tilgungsbetrag + Zinsbetrag

Annuitätendarlehen Darlehen: 100; Zinssatz: 5 %; jährliche Tilgungssatz: 20 %					
Zeit Periode	Tilgung	Zinsen	Zahlbetrag „Annuität"	(Rest-) Kapital	Bemerkung
0	-	-	-	100,000000	Darlehensaufnahme
1	20,000000	5,000000	25,000000	80,000000	
2	21,000000	4,000000	25,000000	59,000000	
3	22,050000	2,950000	25,000000	36,950000	
4	23,152500	1,847500	25,000000	13,797500	
5	13,792500	0,689875	14,482375	0,000000	Schlusszahlung

Zinssatz

Der Zinssatz kann für die gesamte Vertragslaufzeit fix (unveränderlich) sein. Beispiel: Darlehen mit Festzinsbindung (zum Beisiel auf zehn Jahre). Ist das Darlehen dann nicht getilgt, muss über die Zinshöhe neu verhandel werden. (Typisch bei Grundstücksdarlehen, für den Darlehensnehmer riskant.)

Der Zinssatz kann variabel sein. Der Darlehensgeber (Bank) behält sich Anpassungen (meist Erhöhungen) vor. Typisches Beispiel ist der Überziehungskredit auf dem Girokonto.

Leihe – Darlehen (Recht)

Der rechtliche Unterschied zwischen „Leihe" und „Darlehen" ist wichtig: Die Leihe ist für den Entleiher immer kostenlos; für das Darlehen müssen Zinsen gezahlt werden. - Der allgemeine Sprachgebrauch steht beim Wort „Leihe" oft im Widerspruch zum Gesetz (BGB).

Effektivverzinsung

Weil der Nominalzinssatz durch die weiteren Ausgestaltungen der Darlehensvereinbarung nicht die wirklichen Darlehenskosten angibt, wird diese Informationslücke durch die zusätzliche Angabe eines „Effektivzinssatzes" versucht zu schließen. Dieses Ziel wird nur sehr eingeschränkt erreicht.

Absicherung

Darlehen werden üblicherweise abgesichert.

Der Bürge haftet für die Schuld als wäre es seine eigene Schuld. Vorsicht bei von der Bank geforderten Bürgschaften: Die Bank formuliert die Bürgschaftsbedingungen gern (verklausliert) so, dass der Bürge auch für Verpflichtungen einstehen soll, für die er gar nicht bürgen wollte. Beispiel: Ursprungsschuld: 1.000 (Bürge bürgt für 1.000); der Schuldner tilgt bis auf 20 (Haftung des Bürgen zu diesem Zeitpunkt: 20); Schuldner erhöht die Schuld auf 2.000 (Bürge soll jetzt für 2.000 bürgen). Niemals als Bürge eine von der Bank vorgefertigte Bürgschaftserklärung unterschreiben! Alternative: Bürge gibt dem Schuldner den Kredit aus eigenen Mitteln, notfalls refinanziert er sich durch die Aufnahme eines Kredits.

Darlehensabsicherung durch Pfand. Als Pfand dienen irgendwelche Sachwerte (Pfandleihe; staatlich konzessioniert, teuer, Pfand unterbewertet – größte Vorsicht geboten). Im Bankgeschäft dienen Wertpapiere zur Absicherung. Allgemein dienen Immobilien über Hypotheken (heute sehr selten), typisch über Grundschulden zur Darlehenssicherung.

Sondertilgungen

Sondertilgungen sind Tilgungen, die der Schuldner zusätzlich zur normalen Tilgung leisten darf. Dieses Recht kostet meist einen geringen Zinsaufschlag. Beispiele: Girokredit (Überziehungskredit); Bauspardarlehen; beide könnten vom Schuldner jederzeit ganz oder in beliebigen (Zusatz-)Beträgen getilgt werden.. Dies macht jede Berechnung der Darlehenskosten schwierig; Abhilfe nur über Tilgungspläne.

Tilgungsabschreibung – Zahlweise

Die Termine für die Tilgungsabschreibung und Zahlung können auseinanderfallen. Dies macht jede Berechnung der Darlehenskosten schwierig; Abhilfe nur über Tilgungspläne.

Versteckte Darlehen

Versteckte Darlehen sind in Verträgen enthalten, in denen ein Gut auf Abzahlung zum Zinssatz „0 %" vom Händler angeboten wird. Beispiel: Barpreis 500 oder 5 Raten zu je 100; Werbung: „0 % Zinsen" (hier ist offenbar der Barpreis überhöht.). Beispiel: Handy „für 0 Euro" mit Vertrag. In dem Handynutzungsvertrag sind auch die Zinsen und Tilgungsraten für das Gerät enthalten; die Einzelpreise werden nicht genannt, die Preise sind offenbar überhöht.

Steuern

Die Steuern könnten jede Rentabilitätsrechnung eines Darlehens ins Gegenteil verkehren. Die Steuern wirken individuell anders. Die Steuern halten sich an die Darlehenslaufzeiten.

Tilgungspläne

Zu jedem Darlehen gehört ein Tilgungsplan. Tilgungspläne sind so anzulegen, dass mindestens vorhersehbare, denkbare Alternativen abgebildet werden können. Tabellenkalkulationsprogramme sind genau für diesen Zweck erfunden.

Vertiefung; Literaturhinweise; Querverweise
    Effektivzinsberechnung
    Kaufmännisches Rechnen
    Finanzmathematik
    Kapitalmarkt
    Immobilienfinanzierung

Nachlaufende Aufgaben
    Tilgungsplan für Annuitätsdarlehen aufstellen (Tabellenkalkulationsprogramm!) - sinnvoller Weise so, dass allein durch die Änderung des Jahreszinssatzes oder der Tilgungsrate die Tabelle aktualisiert werden kann.
    Wie vor, aber für die üblichen unterjährigen Zahlungstermine.

Textbeitrag (Darlehen)
Für den Verbraucher gilt als Rat:
    Wer kein Geld hat, darf auch keine Schulden haben!

In Notzeiten (Arbeitslosigkeit, Scheidung) keine Darlehen aufnehmen, sondern unbedingt die laufenden Ausgaben den laufenden – sichern! - Einnahmen anpassen!

Sparvertrag

Lehrziel
    Arten von Sparverträgen
    Vergleichbarkeit (Gleichheit) von Darlehen und Sparvertrag

Vorbereitende Aufgaben
    Keine

Hilfsmittel
    Standard

Fähigkeiten
    Grundlagen

Lehrstoff
Der Sparvertrag ist im Prinzip die Umkehrung eines Darlehensvertrages.
- Der Sparer ist Gläubiger.
- Der Vertragspartner (Bank, Versicherung) ist Schuldner.
- Der Zins ist die Belohnung für das gesparte Kapital.
- Der Zinssatz kann über die ganze Laufzeit fix oder variabel sein.

Sparvertragstypen:
- Einmalige Kapitalanlage (vergleichbar: Zinsdarlehen)
- In gleichen Raten besparter Vertrag (vergleichbar: Ratendarlehen)
- Sondersparformen (Lebensversicherung; indexbasierte Formen)
- Es gibt keine Sparform, die dem Annuitätendarlehen entspricht, zwar theoretisch denkbar aber praktisch nicht üblich.

Gebühren
- Abschlussgebühren (zum Beispiel: Bausparvertrag)
- (Jährliche) Kontoführungsgebühren
- Buchungsgebühren (jede Kontobewegung wird mit einer Gebühr belegt)

Nebenkosten
: Untersuchungskosten bei Lebensversicherungen

Absicherung
: Die Bank als Vertragspartner gibt für das Sparkapital <u>keine</u> Sicherheiten!

Zahlungsweise, Wertstellung
: Die Sparzahlungen können auf beliebige Termine vereinbart werden, üblich: jährlich, halbjährlich, vierteljährlich, monatlich.
Die Wertstellung kann beliebig vereinbart werden. Heute sollte stets taggenau abgerechnet werden: **Im Sparvertrag genau festlegen!**
Sondersparleistungen sind grundsätzlich möglich, **müssen aber im Sparvertrag festgelegt und vereinbart werden!**

Inflation
: Die Inflation entwertet alle Nominalvermögen. Sparverträge, die auf einen Nominalwert lauten, werden also von der Inflation entwertet.
Den Inflationsverlust trägt bei auf Nominalwerten lautenden Sparverträgen der Sparer.
Durch bestimmte Absicherungen (Indexbasierte Verträge) wird bisweilen versucht, den Sparer vor Inflationsfolgen zu schützen.

Steuern
: Kapitalerträge sind steuerpflichtig! (Einkommensteuer)
Das Kapital ist steuerpflichtig! (Vermögenssteuer, Schenkungssteuer, Erbschaftssteuer).
Besteuert werden die Nominalwerte.
Sparprämien sind das Gegenteil von Steuern, hier zahlt der Staat dem Sparer etwas. Fraglich ist allerdings, ob diese staatliche Leistung auch wirklich beim Sparer ankommt oder von der Bank praktisch einbehalten wird. (Solange es staatliche Zahlungen gab, lag der Zinssatz für die Sparform sehr niedrig, nach Abschaffung der staatlichen Zuzahlung stieg der von der Bank gezahlte Zinssatz so stark an, dass die vorherige staatliche Zahlung für den Sparer ausgeglichen wurde.)

Einkommensteuer und Inflation fressen den Zinsertrag auf				
Kapital: 100	Nominal-sparzinssatz: 3 %	Einkommen-steuer: 33 %	Inflation: 2 %	Zinsertrag, real
100	3	1	2	0

Da die Inflation und der Steuersatz unabhängig vom vereinbarten Nominalzinssatz sind, gibt dieses Beispiel die Grenzen zum Verlust an (Faustregel).

Sparpläne
> Sparpläne sind entsprechend wie Tilgungspläne aufzustellen.

Sparplan							
Datum	Wert	Text	Betrag	Saldo	Zinssatz	Zinszeit	Nicht gebuchte Zinsen

Die Zahlen in der Spalte „Betrag" können negativ sein! Zum Beispiel Kontoführungs-gebühr, Abschlussgebühr (Bausparvertrag).
Der Saldo kann (anfangs) negativ sein!
Das Datum in der Spalte „Wert" kann vom Buchungsdatum beliebig abweichen: Es kann auch davor oder danach liegen. Für die Zinsberechnung ist nur das Datum in der Spalte „Wert" von Bedeutung.

Effektivzinsberechnung
> Die Effektivzinsberechnung erfolgt entsprechend wie bei Darlehen hier aus den Sparplänen abgeleitet.

Vertiefung; Literaturhinweise; Querverweise
> Darlehen
> Bausparen
> Sparbuch
> Effektivzinsberechnung

Nachlaufende Aufgaben
> Sparpläne von den Banken beschaffen oder nach deren Angaben selbst auf-stellen.
> Steuervor- und -nachteile in die Sparpläne einarbeiten.

Effektivzins aus den Sparplänen berechnen.
Sparpläne (Sparerverhalten) mithilfe der Sparpläne optimieren.

Textbeitrag (Sparvertrag)
Nein

Banken

Lehrziel

Vorbereitende Aufgaben
    Keine

Hilfsmittel
    Standard

Fähigkeiten
    Zinsrechnung
    Zinseszinsrechnung
    Rentenrechnung
    Staffelrechnung
    Buchhaltung

Lehrstoff

<u>Banktypen</u>
- Zentralbank
- EZB Europäische Zentralbank
- Bundesbank
- Teil-staatliche Banken
- Landesbanken
- Sparkassen
- Private Banken
- Rechtsform AG (Aktien)
- Andere Rechtsform
- Genossenschaftsbanken
- Volksbanken
- Girozentralen
- Sonderbanken
- Bausparkassen
- KfW

Laufendes Konto (Girokonto)

Kontoeröffnung
    Was ist zu tun?
    Welchen Daten werden erfasst?
    An wen werden die Daten weiter gegeben?

Schufa
    www.meineschufa.de
    Welche Auskünfte bekomme ich?

Girokonto, Kontoauszug
    Welche Daten stehen drauf?
    Was bedeuten sie?

Girokonto, Kontenführung (Staffelrechnung)

Staffelrechnung ohne Zinsen			
Datum	Text	Bewegung	Saldo
01.01.	Vortrag		1.000,00
05.01.	Einzahlung	300,00	1.300,00
27.02.	Abhebung	-250,00	1.050,00

Staffelrechnung mit Zinsen						
Datum	Wert	Zinstage	Text	Bewegung	Saldo	Zinszahl (Zinsen)
01.01.	01.01	4	Vortrag		1.000,00	4.000,00

Staffelrechnung mit Zinsen

Datum	Wert	Zinstage	Text	Bewegung	Saldo	Zinszahl (Zinsen)
05.01.	05.01.	53	Einzahlung	300,00	1.300,00	68.900,00
27.02.	27.02.		Abhebung	-250,00	1.050,00	

Die Spalte „Wert" gibt das Datum an, ab dem der Saldo für die Zinsrechnung von Bedeutung ist.

Die Zinstage werden aus der Wertstellung in der Folgezeile minus Wertstellung in der aktuellen Zeile berechnet. Dazu müssen alle Einzelposten nach dem Datum der Wertstellung, nicht nach dem Buchungsdatum (aufsteigend) sortiert sein.

Gerechnet wird nach der Tageszinsformel (K * t) * (p / (365 * 100)) beziehungsweise (K * t) * (p / (366 * 100))

Die „Zinszahl" ist dabei der Teil (K * t). Da die Zeit t immer ganzzahlig ist, kann das Produkt nur so viele Kommastellen haben, wie das Kapital K mitbringt. Es entstehen an dieser Stelle keine Rundungsdifferenzen.

Aus der Summe der Zinszahlen wird erst im Moment der Abrechnung durch Multiplikation mit dem Rest der Zinsformel der Zinsbetrag, der nun, wie üblich gerundet werden kann.

Differenzen zwischen Buchungsdatum und Wertstellung entstehen unter anderem:
- Wenn die Wertstellung kein Bankarbeitstag ist (z.B. 01.01.);
- Wenn eine Buchung storniert wird;
- Wenn eine Buchung rückgängig gemacht werden muss (z.B. Einspruch gegen eine Abbuchung durch Bankeinzug).

Das Instrument der Zinszahl stammt aus der Zeit, als es noch keine passenden Rechenmaschinen gab, es hat aber auch bei heutiger Technik den großen Vorteil, dass keine häufigen Rundungen auftreten, die dann zu Fehlern führen. Querverweis: Statistik.

Vertiefung; Literaturhinweise; Querverweise
Sparvertrag
Darlehen

Nachlaufende Aufgaben
Keine

Textbeitrag (Banken)

Rundungsdifferenzen

Es ist schon ein paar Jahre her. Ein Programmierer arbeitete in einer Bank, er stellte fest, dass es bei jeder Zinsberechnung Bruchteile von Pfennigen gibt. Er addierte die Pfennigbruchteile und schrieb sie seinem Konto gut. Was hat er auf diese Art eingenommen? Rechnen wir nach!

Bereits die allgemein bekannte Zinsformel $Z = (K * p * t) / 100$ lässt erkennen, dass Z, der Wert der Zinsen, nur dann nicht mehr als zwei Kommastellen aufweist, wenn die drei Werte k (Kapital), p (Zinssatz) und t (Zeit) ganzzahlig sind. In allen anderen Fällen gibt es weitere Kommastellen und damit Rundungsdifferenzen.

Hierzu ein paar Zahlenbeispiele:
2 Prozent von 173,35 sind 3,467 (aufrunden auf 3,47?)
2 Prozent von 111,75 sind 2,235 (aufrunden auf 2,24 oder abrunden auf 2,23?)
2 Prozent von 136,60 sind 2,732 (abrunden auf 2,73?)
Was soll mit den Werten in der dritten Stelle hinter dem Komma, das sind Bruchteile von Cent, geschehen?

Es gibt die allgemeine Rundungsregel, das aufgerundet wird, wenn die Ziffer hinter der letzten geltenden Stelle größer oder gleich 5 ist, in allen anderen Fällen wird abgerundet. Die Statistik macht es noch etwas genauer und rundet bei Wert 5 hinter der letzten geltenden Ziffer (und keine weiteren geltenden Ziffern folgen) abwechselnd auf und ab. - Aber was tut unsere Bank? Sie sagt es nicht (richtig), es bleibt nur nachrechnen.

Wer hier meint, das seien ja nur lächerliche Beträge, irrt. Das Problem tritt bei jeder Zinsberechnung auf und davon kann es allein bei einem einzigen Girokonto etliche geben, im Jahr allemal. Und so addieren sich die Bruchteile von Cent zu ganzen Cent und diese Cent zu ganzen Euro. Für die Bank multipliziert sich das dann noch mit der Anzahl der geführten Konten. So werden dann plötzlich die Centbruchteile zu Tausenden und Zehntausenden von Euro.

Ach ja, wie war das doch mit unserem Programmierer? Also, der Bankkunde hat keinen Anspruch auf die Pfennigbruchstücke, die Bank ebenfalls nicht und der Programmierer schon gar nicht. Die Bank erhob jedoch Anspruch darauf und fühlte sich von ihrem Programmierer betrogen, sie erstattete Anzeige gegen ihren Programmierer. Man darf raten, wie der Prozess ausging. - Auch von Pfennig- oder jetzt Centbruchteilen lässt sich ganz gut leben!

Sparbuch

Wer mit einer Bank Geschäftsbeziehungen aufnimmt, beginnt meist mit einem Sparbuch oder Girokonto.

Beginnen wir mit dem Sparbuch. Ein Sparbuch eignet sich, um ein Kind an die Bank heranzuführen, ich denke so ab zehn Jahren kann das beginnen, selbstverständlich in Absprache mit dem Kind und der Bank und begrenzt auf das Taschengeld, also kein Sparbuch mit größeren Beträgen, auf dem etwa das Geld für das spätere Studium angespart wird. Das Kind sollte selbst eigenständig Einzahlungen und Abhebungen tätigen dürfen.

Das Sparbuch wird gebührenfrei geführt. Sollte eine Bank auf die Idee kommen, Gebühren zu verlangen, ist diese Bank für das Sparbuch – und wahrscheinlich auch für alle anderen Bankgeschäfte – nicht der richtige Partner. Die Gebührenfreiheit ist ein Grund, warum sich das Sparbuch für Kinder eignet.

Das Sparbuch wird nur im positiven Bereich geführt, es kann also niemals ins Minus geraten, oder wie ein Girokonto „überzogen" werden. Dies ist der andere Grund, warum sich das Sparbuch für Kinder eignet.

Das Sparbuch wird typischerweise nur für Einzahlungen und Auszahlungen an der Kasse der Bank benutzt. Dies ist ein weiterer Grund, warum sich das Sparbuch für Kinder eignet. Später, wenn das Kind älter ist, und auch ein eigenes Girokonto hat, also so zwischen vierzehn und sechzehn Jahren alt ist, wird es lernen, dass auch Überweisungen möglich sind, und zwar als Einzahlungen vom eigenen und von fremden Konten, zum Beispiel der Erbtante, die auf das Sparbuch des Kindes auf diese Weise einzahlen kann, und als Auszahlungen, hier aber meist nur auf das eigene Konto. Das Sparbuch kann auch als Gegenkonto für ein Wertpapierdepot dienen, allerdings haben dies die Banken nicht gern.

Das Sparbuch in der gesetzlichen Form kennt einen maximalen Auszahlungsbetrag (meist 2.000 Euro) innerhalb eines (Kalender-)Monats. Wer den doppelten Betrag abheben will, kann Ultimo (letzter Banktag im Monat) und gleich noch einmal am Ersten des Folgemonats den Maximalbetrag abheben. Auch diese Begrenzung ist ein weiterer Grund, warum sich das Sparbuch für Kinder eignet.

Wer mehr als den Maximalbetrag abheben will, muss mit einer Frist von drei Monaten den Betrag kündigen. Es ist eine nette Rechenaufgabe festzustellen, wie und unter welchen Bedingungen man am schnellsten den dreifachen Maximalbetrag abheben kann (drei Einzelabhebungen geht immer schneller!).

Die Bank verlangt auf einem Sparbuch eine Mindesteinlage. Bei der Postbank fand ich die Angabe von 0,50 Euro.

Bisweilen wird ein formal als Sparbuch geführtes Konto modifiziert, etwa durch Festlegen auf eine bestimmte Dauer (mehrere Jahre), oder auch mit variablem (ansteigendem) Zinssatz. Derartige Varianten sind für Kinder aus mehreren Gründen unbrauchbar: Anlagekapital zu gering; Festlegungsdauer zu langfristig. Und ob sich für diese Zwecke bei den dem Kindesalter Entwachsenen nicht andere bessere Anlageformen finden lassen, wäre jeweils zu prüfen.

Das Sparbuch selbst ist, je nach Bank, tatsächlich ein Buch oder es wird wie ein normales Girokonto mit den Kontoauszügen geführt. Diese Belege sind lediglich Beweismittel, das heißt, in der Not kann auch ohne deren Besitz oder Vorlage über das Guthaben verfügt werden.

Technisch führt die Bank ein Sparbuchkonto wie jedes Girokonto in der Form einer Staffelrechnung:

Anfangskapital:	100
Einzahlung:	+ 20
Saldo:	120
Auszahlung:	- 10
Endkapital:	110

Und so kann es auch dem jüngeren Kind gezeigt werden.
Die bessere Form ist, wenn diese Rechnung dann in mehreren Spalten dargestellt wird:

	Einzahlungen	Auszahlungen	Kapital
Anfangskapital			100
bar	20		120
bar		10	110

Diese Form lässt sich dann später, wenn das Kind die Zinsrechnung gelernt hat, leicht für die Zinsberechnung erweitern. (Aufgabe: rechne nach, ob sich die Bank nicht geirrt hat!) Ganz ohne Scherz: Auch Banken irren sich, darum: Den Kontoauszug immer nachprüfen und bisweilen auch nachrechnen.

Bei der Zinsberechnung (Zinsnachrechnung) stößt man dann auf weitere Feinheiten: Der Zinssatz ändert sich während eines Jahres; werden nur die vollen Euro-Beträge verzinst oder auch die Cent? Abweichungen durch Rundungsdifferenzen.

Im Kontoauszug bekommen die Angaben von Buchungsdatum und Wertstellung Bedeutung. Hier lernt das Kind am simplen alten Sparbuch, was dann auch für alle anderen Konten ganz ähnlich ist. Also noch einmal ganz ohne Scherz: Auch Banken irren sich, also Kontoauszüge immer nachprüfen und bisweilen auch nachrechnen! In einem Fall hat vor Jahren die Sparkasse Berlin auf meinem Konto einfach eine Schuldtilgung über mehrere Hundert DM „vergessen" zu buchen.

Das Buchungsdatum ist nur das Tagesdatum, wann ein Eintrag gemacht wird, es hat auf die Zinsberechnung keinen Einfluss. Viel interessanter ist die Wertstellung, denn das Wertstellungsdatum bestimmt, ab wann die Veränderung für die Zinsrechnung von Bedeutung ist.

Die Buchungsbeträge werden auf den Kontoauszügen oft mit einem Pluszeichen („+") oder Minuszeichen („-") versehen und geben an, ob der Saldo mit diesem Betrag erhöht oder erniedrigt wird. Verwendet die Bank hingegen die Buchstaben „S" und „H" für „Soll" und „Haben", dann wird es kompliziert, denn die Bedeutung wechselt, von welcher Seite man das Konto betrachtet. Was aus der Sicht der Bank „Soll" ist, ist aus der Sicht des Kontoinhabers „Haben" und umgekehrt. Diese Vertauschung der Sichtweise führte dazu, dass selbst ein Sparkassenvorstand sich plötzlich als „Gläubiger" eines Kontoguthabens glaubte, obwohl die Bank hier doch Schuldner ist. Der sehr geehrte Herr Sparkassenvorstand hat schlicht Mein und Dein verwechselt! Wenn jetzt die Bafin, die Finanzaufsicht, das Fachwissen von Vorständen und Aufsichtsräten der Banken prüft, dann ist dies nur zu berechtigt.

Selbstverständlich kann für ein Sparbuchkonto auch eine Bankvollmacht erteilt werden. Bankvollmacht ist die Vollmacht, die der Kontoinhaber einem Dritten (nicht! der Bank) erteilt. Die Bank hat dann Anweisungen dieses Dritten wie Anweisungen des Kontoinhabers zu befolgen.

Und auch zum Sparbuchkonto gibt es AGB, die so geliebten „Allgemeinen Geschäftsbedingungen", die man langsam auch an das heranwachsende Kind bringen muss.

Eine gewisse Sonderstellung nimmt das Sparbuchkonto der Postbank ein. Hier sind Abhebungen auch im Ausland in fremder Währung kostenlos möglich. Das ist einfacher und billiger als alle Devisentauscherei.

Kontoauszug

Hat uns die Bank für unser Sparbuchkonto ein richtiges Buch gegeben, dann stehen auf der Anfangsseite die Konto-Kopf-Daten:
- Die Nummer des Sparkontos
- Name und Anschrift des Sparers
- Name der Bank

Auf den weiteren Seiten werden dann Zeile für Zeile von der Registrierkasse der Bank die einzelnen Bewegungen eingetragen. Die Daten in jeder dieser Zeilen sind:
- Buchungsdatum (Tagesdatum)
- Eine laufende Nummer für interne Bankzwecke
- Ein kurzer Buchungstext (nur wenige Zeichen)
- Das Wertstellungsdatum

- Die Kontonummer (zur Kontrolle, sie muss mit der Nummer auf der Anfangsseite übereinstimmen – es sollen keine Einträge ins falsche Sparbuch möglich sein)
- Der Ein-/Auszahlungsbetrag markiert jeweils mit einem „+" oder „-".
- Der neue Saldo des Guthabens (nur beim letzten Eintrag dieses Buchungstages; zur Sicherheit mit Schutzsternschreibung: Dem Zahlenwert werden etliche Sternchen vorangestellt, so können die Saldobeträge wenigstens nicht zu leicht erhöht werden.)

Die in Lose-Blatt-Form geführten Kontoauszüge liegen typischerweise auf einem Papierblatt 21 * 10,5 cm vor, also etwa auf einem gedrittelten DIN A 4 Blatt.
Jedes Blatt trägt die Kopfdaten:
- Kontonummer
- Name der Bank
- Bankleitzahl
- Alter Kontostand, allerdings nur auf dem ersten Blatt eines mehrblätterigen Kontoauszugs.

Jedes Blatt trägt die Fußdaten:
- Neuer Kontostand, allerdings nur auf dem letzten Blatt eines mehrblätterigen Kontoauszugs.
- Tagesdatum (Kontoauszug vom ...)
- Laufende Nummer des Kontoauszugs im aktuellen Jahr
- Blattnummer (Seitenzahl) innerhalb dieses Kontoauszugs

Im mittleren Hauptteil stehen die eigentlichen Buchungsdaten:
- Buchungsdatum
- Wertstellungsdatum
- Buchungstext, auch mehrzeilig
- Eine interne Kontrollnummer
- Postenbetrag, markiert als Zu- oder Abbuchung mit „+" oder „-"
- Name des Kontoinhabers, gegebenenfalls mit Anschrift, nur auf dem ersten Blatt.

Statt dieses recht kleinteilig zerpflückten Kontoauszugs bieten die Banken auch Ausdruck auf DIN A 4 oder in bestimmten rechnergestützten Formen an – mit der Bank reden.

Egal, in welcher äußeren Form der Kontoauszug auch vorliegt, es ist unbedingt notwendig, den Kontoausdruck zu prüfen, hier geht es vor allem um die Angaben im Mittelfeld:
- ist die Buchung überhaupt berechtigt?
- Stimmt der Betrag?
- Stimmt die Wertstellung?

Wer sich die Kontoauszüge selbst abholt, kennt das: Holt man sich die Kontoauszüge nicht nach ca. vier Wochen, dann schickt sie uns die Bank (mit Portokosten!) zu. Dies ist keine Schikane der Bank, sondern es dient der beiderseitigen Sicherheit. Die Bank hat nach bestem Wissen und Können gebucht, nun soll der Kunde, der Kontoinhaber, dies auch prüfen – recht hat die Bank - in diesem Fall.

Trotz aller Sorgfalt, auch die Bank macht Fehler – und merkt es manchmal selbst. Dann findet man auf dem Kontoauszug irgendeine Buchung und etwas später die Stornierung dazu. Buchungsdatum der Buchung und der Stornierung dürfen differieren. Das Wertstellungsdatum muss jedoch unbedingt übereinstimmen! Und selbstverständlich muss auch der Betrag übereinstimmen.

Buchungen, insbesondere Abbuchungen, die man sich nicht erklären kann, müssen mit der Bank sofort geklärt werden. Nur so können etwa illegale Zugriffe auf das Konto sofort entdeckt und Schäden abgewendet werden. Also noch einmal: Kontoauszug sofort prüfen!

Girokonto

Das Girokonto ist das zentrale Konto und der Bank liebstes Kind. Das Girokonto wird nach der Methode der Staffelrechnung von der Bank geführt.

Der Kontoinhaber (und eventuell von ihm beauftragte Personen) können sowohl bar als unbar über das Girokonto verfügen und das auch noch jeweils in vielen Variationen, alles selbstverständlich nur zum Wohle des Kunden, der es möglichst leicht und einfach haben soll. Stimmt ja sogar - zum Teil. Die wenigsten Kontoinhaber werden hier jede mögliche Variation kennen viel weniger nutzen, und wirklich gebraucht werden die wenigsten.

Diese vielen Möglichkeiten über ein Girokonto zu verfügen - es geht ja meist um Barabhebungen und vor allem um Abbuchungen – bieten selbstverständlich auch kriminellen Dritten viele Möglichkeiten an fremdes Geld zu kommen. Dies ist dann die Frage der Sicherheit und diese Sicherheitsfrage soll hier nicht weiter verfolgt werden. Nur soviel: Die Bank bemüht sich, alle Verluste durch derartige Sicherheitsmängel auf den Kunden abzuschieben.

Warum also bietet die Bank all diese Möglichkeiten? Es geht nicht um das Wohl, den Vorteil des Kunden, es geht allein um den Vorteil der Bank!

Ein Kontoauszug sieht von heute, jetzt eben, zurück in die Vergangenheit, er zeigt, was gebucht worden ist. Viel interessanter aber ist, was demnächst gebucht werden wird. Der Kontoinhaber muss also eine vorausschauende Kontoführung betreiben, um Kontoüberziehungen zu vermeiden.

Da hat der Kontoinhaber gerade mit seiner Karte im Laden gezahlt – war das Geld noch auf seinem Konto oder ist er soeben ohne es zu wissen in einen Kredit gerutscht? Da hat der Kontoinhaber irgendwann einen Dauerauftrag gegeben, läuft der noch, wann wird der wieder ausgeführt? Da hat der Kontoinhaber eine Überweisung auf Termin gesetzt, sie wurde also weisungsgemäß nicht sofort ausgeführt, denn das geschieht ja erst am angegebenen Termin – hat das der Kontoinhaber, als er eben im Laden zahlte, noch bedacht? Da hat der Kontoinhaber irgendwann einem Einziehungsauftrag zugestimmt, wann wird die Abbuchung erfolgen, mit welchem Betrag?

Alle diese und viele vergleichbaren Fälle sind vom Kontoinhaber selbst initiiert und ausgelöst oder doch wenigstens genehmigt worden. Keine dieser Abbuchungen ist rechtswidrig und die Bank führt nur die ihr erteilten Aufträge aus.

Aber trotzdem. Die Bank verhält sich wie die Spinne in ihrem Netz: Sie wartet, sie wartet darauf, dass sich der Kontoinhaber in der Vielzahl der Verfügungsmöglichkeiten verheddert, dass er den Überblick verliert. Denn entweder muss der Kontoinhaber so viel Guthaben (zinslos) auf seinem Girokonto halten, dass es gar nicht ausgeben kann – und das ist der Bank sehr recht. Oder aber der Kontoinhaber wird früher oder später einmal mehr ausgeben, als er auf seinem Konto hat – und das gefällt der Bank noch mehr.

Die Bank gestattet „Kontoüberziehungen" ganz allgemein. Nur selten wird ein Girokonto so geführt, dass es nie ins Minus abgleiten kann; das geht meist nur bei minderjährigen Kontoinhabern. Fragen Sie Ihre Bank! Also ein normales Girokonto kann formal einfach überzogen werden – und dann? Dann schlägt die freundliche Bank zu!

Das über ein Girokonto abgewickelte (Buch-)Geld ist immer echt. Bargeld, Geldscheine und Münzen, können gefälscht sein. Das mag man als Vorteil ansehen.

Aber Girokonten haben auch etliche Nachteile: Die Kontenbewegungen sind nachvollziehbar. Die Banken müssen die Unterlagen mindestens sieben Jahre aufheben. Da gab es jenen Fall in den USA als unmittelbar vor einem Lokal sich eine Straftat (Raub, Mord?) ereignete. Aber keiner der zahlreichen Gäste wollte Zeuge gewesen sein, ja überhaupt zur fraglichen Zeit am Ort gewesen sein. Aus den Kassenabrechnungen der Kreditkarten mit Datum und Zeit wurden von der Polizei die nicht Zeuge-sein-wollenden ermittelt. Barzahlung hätte ihnen diesen Ärger erspart. Überhaupt die Polizei (und das Finanzamt, der Zoll, die Geheimdienste), die wollen immer alles ganz genau wissen, wer wann an wen warum wie viel Geld gezahlt hat – und ziehen daraus ihre mehr oder minder richtigen Schlüsse. Die USA verlangen Zugriff auf die internationalen Überweisungsdaten in Europa – und bekommen sie – angeblich zur Terrorismusbekämpfung (und zur Betriebsspionage?) Unsere Finanzämter, so habe ich gelesen, lassen keine bar-bezahlten Handwerkerrechnungen mehr als Abzug bei der Einkommensteuer zu. Und Arbeitgeber vergleichen heimlich die Kontodaten ihrer Mitarbeiter (und deren

Familienangehörigen!) mit denen ihrer Lieferanten, angeblich um kriminelle Verbindungen aufzudecken.

Girokonten sind eine begehrte Informationsquelle geworden, also überlege jeder, was er über sein Girokonto laufen lässt (oder neuerdings andere darüber laufen lassen).

Das Girokonto ist sehr geschwätzig. Jede Zahlung mit der Karte verrät, wann Sie wo bei wem etwas gezahlt (gekauft) haben. Den genauen Kaufzettel bekommt man aus den Unterlagen des Händlers, aber vieles steht ja auch bereits auf dem Überweisungsträger. Und oft genügt eben auch die einfache Tatsache einer Zahlung an sich. Muss ich noch einmal ausdrücklich darauf hinweisen, dass es in Deutschland kein Bankgeheimnis gibt und auch nie gegeben hat?

Tageszinsformel

Aus der Schule kennen wir die Zinsformel Z = (K * p * t) / 100. Dies ist die Formel für einfache Zinsen, wenn der Zinssatz p (wie üblich) als Jahreszinssatz und die Zeit t in Jahren eingesetzt werden. Diese Formel muss nun für kürzere Zeiträume, also als Tageszinsformel erweitert werden.

Die Tageszinsformel lautet also: Z = (K * p * t) / (100 * „Tage im Jahr"). In dieser Formel wird der Zinssatz p weiter als Jahreszinssatz eingesetzt. Die Zeit t wird in Tagen eingesetzt. Aber was soll für „Tage im Jahr" eingesetzt werden?

Es gibt eine Rechenart, da wird jeder volle Monat mit 30 Tagen und das ganze Jahr mit 360 Tagen gerechnet. Hier wäre „Tage im Jahr" also 360. Diese Rechenart ist geschichtlich bedingt – es gab wirklich Zeiten ohne PC und Taschenrechner, und die sind noch gar nicht so lange her. Diese Rechenart sollte heute nicht mehr angewendet werden, sie ist ja auch offenkundig ungenau, ja falsch.

Das Kalenderjahr hat normal 365 Tage, das Schaltjahr hat 366 Tage. Grund ist der im Schaltjahr eingeführte 29. Februar. Daraus folgt, dass „Tage im Jahr" entweder für alle Jahre durchgehend mit 365 Tagen angesetzt wird, was aber im Schaltjahr falsch ist.

Es bleibt also nur die genaue Berechnung: der Februar im Schaltjahr mit 29 Tagen und 366 Tagen im Jahr und für das normale Jahr den Februar mit 28 Tagen und das ganze Jahr mit 365 Tagen. Mit den heutigen Rechenmaschinen und Programmen ist diese taggenaue Rechnung kein Problem.
Allerdings ist auch diese Methode nicht ohne Probleme. Hier ein Zahlenbeispiel: Kapital: 100.000; Zinssatz: 10 Prozent; Zeit vom 01.04. bis 31.05. also 61 Tage.
Dies ergibt dann
im Normaljahr: Z = (100.000 * 10 * 61) / (100 * 365) = 1.671,23
und im Schaltjahr: Z = (100.000 * 10 * 61) / (100 * 366) = 1.666,66.

Und läuft die Zeit über den 28./29. Februar, zum Beispiel vom 15.01. bis 15.03. dann sind dies 59 oder 60 Tage.
Normaljahr: $Z = (100.000 * 10 * 59) / (100 * 365) = 1.616,44$
und im Schaltjahr: $Z = (100.000 * 10 * 60) / (100 * 366) = 1.639,34$.
Rechnet man aber zwar den 29. Februar mit, benutzt als Divisor jedoch 365 dann ergibt das: $Z = (100.000 * 10 * 60) / (100 * 365) = 1.643,84$.
Wir sehen, die Rechnungsmethode hat durchaus Folgen für das Ergebnis. Das werden wir noch an anderen Stellen wieder finden.
Ein Ausweg ist, das Jahr immer, also auch als Schaltjahr, mit 365 Tagen anzunehmen und den Februar immer, also auch im Schaltjahr mit 28 Tagen.

Kleiner Hinweis: die Funktion DATWERT in Tabellenkalkulationsprogrammen rechnet mit den genauen Tagen, also mit richtiger Tagesanzahl des Februar im Schaltjahr. Wer also seine Zinsberechnung damit macht, landet dann bei dem Problem, dass er die Division in Abhängigkeit vom Schaltjahr ändern muss.

Zinsen und Gebühren

Es gilt die alte Bankregel: (Mindestens) alle Kosten müssen durch die Gebühren gedeckt werden. Der Zinsüberschuss dient nur dem Gewinn. Lässt eine Bankbilanz erkennen, dass nicht alle Kosten durch Gebühren gedeckt werden, macht die Bank etwas falsch, die Bank ist notleidend, diese Bank ist nur bedingt kreditwürdig.

Und so fängt das Gebührenkassieren bereits beim Girokonto an. Hier ein paar Beispiele:
Da gibt es als Gebühr den Grundpreis, pro Monat zwei Euro und mehr. Dieser Grundpreis wird nur dafür abgebucht, dass das Konto überhaupt besteht.
Da gibt es als Gebühr den Zahlungsverkehr. Damit wird jede einzelne Buchung belegt, mit so zwischen 35 und mehr Cent je Buchung.
Ausgeführte Daueraufträge werden wie eine Abbuchung berechnet – oder auch mit einer deutlich höheren Gebühr, zum Beispiel mit einem Euro.
Die Einrichtung eines Dauerauftrages kostet selbstverständlich auch eine gesonderte Gebühr, mit zwei Euro oder mehr ist man dabei.
Kontoauszüge kosten selbstverständlich auch etwas, zwei Euro und mehr werden gern von der Bank genommen.

Wen seine Bank mit Gebühren für das Girokonto plagt, der sollte zunächst mit seiner Bank reden. Die Bank bietet durchaus verschiedene „Kontoführungsmodelle" an. Die schlechtesten Bedingungen werden den Kunden aufgedrückt, die zu faul oder zu dumm oder aus sonst einem Grund schlicht unfähig sind, sich dagegen zu wehren. Beliebte Opfer sind die alten in Bankdingen unerfahrenen Leute.

Ist die eigene Bank nicht bereit, das Girokonto auch gebührenfrei zu führen, so muss man sich einen Wechsel der Bank überlegen. Dabei muss unbedingt bedacht werden, welche anderen Bindungen zur Bank bestehen, da könnten Konten mit länger festgelegten Geldern sein, ein Wertpapierdepot, und vor allem Kredite. Wenn nur eine dieser Zusatzleistungen nicht mit umziehen kann, wird die Bank auf dem Bestand eines Girokontos bestehen – und man hat nicht viel erreicht.

Wer aber leicht seine Bank wechseln kann, und außerdem gewohnt ist, im Internet zu spazieren, wird schnell eine andere Bank im Lande finden. Dann sind noch die Umzugsbedingungen zu ergründen und vor allem die Frage zu klären, wie kommt man an Bargeld und welche Kosten entstehen dafür.

Teilumzüge sind zwar auch möglich, müssen aber sorgfältig überlegt werden. Und noch eins: Für eine gewisse Übergangszeit von mindestens ein paar Monaten müssen das alte und neue Girokonto parallel geführt werden, sonst könnten plötzlich Geldeingänge an den Absender zurückgehen, weil das Empfangskonto nicht mehr besteht.

Und dann die Zinsen.

Guthabenzinsen bietet heute kaum noch eine Bank an.

Hat der Kontoinhaber und die Bank die Überziehung des Kontos vereinbart, dann räumt ihm die Bank bis zu dem vereinbarten Betrag eine „Kreditlinie" ein, die dem Kontoinhaber das Recht gibt, bis zu dieser Kreditlinie jederzeit zu den von der Bank festgesetzten Zinssätzen ohne Weiteres sein Konto ins Minus gleiten zu lassen. Diese schwankenden Zinssätze liegen heute so bei 12 bis 15 Prozent.

Hat der Kontoinhaber mit der Bank keine derartige Vereinbarung über eine Kreditlinie getroffen, oder geht er ohne vorherige Absprache mit der Bank darüber hinaus, dann muss er für diese von der Bank geduldete Überziehung über die normalen Zinsen noch einmal zusätzlich etwas zahlen, 5 Prozent und mehr sind hier durchaus üblich. Übertreibungen allerdings mag die Bank nicht. Ist die Geduld der Bank erschöpft, lehnt sie weitere Abbuchungen oder Auszahlungen schlicht ab. Schlimmer noch. Sie benutzt alle Geldeingänge zur Abdeckung ihrer Forderungen, für den Kontoinhaber bleibt von diesen Geldeingängen dann erstmal nichts.

So kann der Zinssatz für eine Kontoüberziehung durchaus an die 20 Prozent heranreichen. Dass Gerichte schon bereits 18 Prozent als Wucher bezeichnet haben, stört die Bank nicht. Die Argumentation der Juristen ist etwa so: Das eine sind ja „nur" 15 Prozent, das andere sogar „nur" 5 Prozent, wie kann dieser dumme Bankkunde da von 20 Prozent sprechen?

Und wegen dieser unverschämten Zinssätze wiederhole ich meinen Rat: Kontoauszüge immer prüfen! Selbst rechnen, welche Abbuchungen demnächst anstehen und ob sie durch die zu erwartenden Eingänge rechtzeitig abgedeckt werden. Und zur Sicherheit eine Vereinbarung mit der Bank für eine kleine Überziehung treffen. Damit spart man wenigstens die Extra-Strafgebühren.

Der Kontoinhaber muss also immer eine eigene Rechnung ab dem letzten Kontoauszug für die nächste Zukunft betreiben – zum Beispiel in einer vereinfachten Staffelrechnung.

Seit Kurzem gibt es die Möglichkeit, das Konto vor Pfändungen geschützt zu führen. Diese Pfändungssicherheit gilt auch gegen die Bank. Es muss von Geldeingängen mindestens der pfändungsfreie Betrag (meist knapp tausend Euro) auf dem Konto verbleiben. Diese Art der Kontoführung wird der SCHUFA und anderen Auskunfteien gemeldet – und hat dann die Folge, dass der Kontoinhaber als kreditunwürdig eingestuft wird und nicht einmal mehr eine Lieferung über ein paar Euro „auf Rechnung" bekommt, es wird von ihm stets Vorkasse verlangt. Dabei spielt es keine Rolle, ob der Kontoinhaber jemals seinen Zahlungsverpflichtungen nicht nachgekommen ist. Also Vorsicht bei der Benutzung dieser Art der Kontoführung!

Allgemein gilt die Regel: je länger die Laufzeit, um so höher der Zinssatz. Diese Regel wurde aber von Banken durchbrochen und gerade für die täglich fälligen Kredite der Kontoüberziehung ins Gegenteil verkehrt. Überziehungskredite sind mit weitem Abstand am teuersten (12 bis 20 Prozent).

Die andere Regel heißt: je besser abgesichert, um so niedriger der Zinssatz: Baukredite gegen Grundbucheintragung liegen bei rund ab 3,5 Prozent, ungesicherte Personalkredite (Ratenkredit) bei rund 6 Prozent.

<u>Staffelrechnung mit Zinsen</u>

Für die Staffelrechnung mit Zinsen brauchen wir:
- Den Anfangsbestand
- Die Buchungsposten und davon
  - Die Wertstellung
  - Den Betrag mit Vorzeichen (Zu- / Abbuchung)
- Den Guthabens- und den Kreditzinssatz.

Die Buchungsposten werden nach der Wertstellung (aufsteigend) sortiert. Beispiel:

Wert	Posten	Kapital	Zinstage	Zinsen (z.B. 5 Prozent)
15.01	-	+100	12	0,16
27.01	+50	+150	4	0,08
31.01	+200			
31.01.	-130			
31.01	-20	+200		
Summe Zinsen				0,24

Anmerkung:
- Alle Zeilen sind nach der Wertstellung aufsteigend sortiert.
- Die Spalte „Posten" enthält die Zu- („+") und Abbuchungen („-").
- Die Spalte „Kapital" gibt den Saldo (mit Vorzeichen („+") und („-")) an.
- Die Zinstage sind jeweils die Differenz zwischen den Wertstellungen der Postenzeilen (späteres Datum minus früheres Datum).
- Die Zinsen werden nach der Tageszinsformel berechnet: Z = (K * p * t) / (100 * 365). Der Zinssatz p ist dabei der Jahreszinssatz.
- Die Werte in der Spalte „Zinsen" werden addiert und zu dem vereinbarten Termin (meist Quartalsende) in die Kapitalspalte addiert.

Hinweis:
- Ist das zu verzinsende Kapital negativ, dann wird automatisch auch der Zinsbetrag negativ.
- Der Zinssatz für Guthaben und Kredit ist meist unterschiedlich, also aufpassen, dass mit dem richtigen Zinssatz gerechnet wird!
- Ändert sich der Zinssatz innerhalb der Abrechnungszeit, muss bis zu diesem Termin mit dem alten, ab dem Termin mit dem neuen Zinssatz gerechnet werden. (Praxis: Nullposten mit dieser Wertstellung einfügen und den Kapitalsaldo auswerfen!)

Selbstverständlich benutzt man heute für derartige Berechnungen ein Rechenblatt in einem Tabellenkalkulationsprogramm. Die Zahl der Zinstage wird dann mit der Funktion DATWERT errechnet [(DATWERT(jüngeres Datum) minus DATWERT(älteres Datum)]. Der Wechsel des Zinssatzes, abhängig vom Vorzeichen des Kapitals erfolgt in der Zinsspalte mit der Funktion WENN [WENN(kapital<0;Formel mit Kreditzinssatz; Formel mit Guthabenszinssatz) die runden Klammern und die Semikolon sind vorgegebener Formalismus]. Wer abhängig vom Schaltjahr mit 365 oder 366 rechnen will, mag das ebenfalls in diese WENN-Formel einbauen.

Die hier gezeigte Berechnung bringt bei jeder Rechnung Rundungsdifferenzen. Dies kann man weitgehend vermeiden, wenn man mit sogenannten „Zinszahlen" rechnet. Da wird in der Einzelzeile statt der Zinsen lediglich die „Zinszahl", das Produkt Kapital * Zinstage, notiert und erst zum Abrechnungstermin wird die Zinsformel zu Ende gerechnet ([Summe Zinszahl] * Zinssatz) / (100 * 365). Diese Rechnung mit Zinszahlen stammt noch aus der Zeit, als wir keine (PC-)Rechenmaschinen hatten.

Das Mehrkontensystem

Zu Urgroßmutters Zeiten standen im Küchenschrank mehrere Töpfchen, und wenn der treusorgende Vater nach Hause kam und seinen geringen Lohn auf den Tisch legte, dann wurde das kleine Häufchen auf die einzelnen Töpfchen verteilt: Miete, Strom, Wassergeld, Kleidung, Schulzeug, ein wenig für Essen. Nach dem Willen der Banken sollen wir es auch heute genau so machen, nur freilich sollen es statt der Töpfchen viele, viele Konten bei der Bank sein.

Da geht es also nicht nur um das Allerwelts-Girokonto. Es muss auch ein Tagesgeldkonto sein, eins für Monatsgeld, eins für einen Sparvertrag, eines für staatlich gefördertes Sparen und noch möglichst viele weitere. Mit etwas Glück – aber wer hat heute schon Glück? - werden alle diese Konten gebührenfrei geführt. Verschwiegen werden das Festlegungsdatum und die weniger und noch weniger mickerigen Zinssätze, nur die Kreditzinsen, die sind stattlich.

Das Führen dieser vielen Konten kostet die Bank praktisch heute nichts, denn für jede Buchung werden ja nur ein paar Bit im Rechner verschoben. Wo liegt also der Gewinn für die Bank?

Da gibt es zunächst einen objektiven und sehr ehrenwerten Grund. Die Bank muss Mindestreserven bei der Bundesbank halten und zwar zinslos. Diese Mindestreserve ist ein Prozentsatz der Einlagen. Und für die einzelnen Einlagearten ist dieser Prozentsatz unterschiedlich hoch. Am höchsten ist die bei der Bundesbank zu haltenden Mindestreserve für Sichteinlagen, das sind die Kontoguthaben auf den Girokonten. Geringer sind die bei der Bundesbank zu haltenden Mindestreserven bei längerfristigen Termingeldern und bei Sparguthaben.

Da die Bank mit den bei der Bundesbank zu haltenden Mindestreserven nichts verdienen kann, wohl aber selbst darauf Guthabenszinsen zahlen muss, hat die Bank ein objektives und sehr ehrenwertes Interesse daran, diese Mindestreserven möglichst niedrig zu halten – und das kann sie nur, indem sie ihre Kunden überredet doch länger liegendes Geld vom Girokonto auf ein Festgeldkonto zu verschieben. Und dafür ist die Bank sogar bereit auch etwas zu zahlen.

Dann aber gibt es auch das heimtückische Interesse der Bank im Mehrkontensystem. Die Bank hofft, dass sich der Kunde in seinen möglichst vielen Konten und Anlageformen verheddert und dann irgendwo, irgendwann gezwungen ist, ganz schnell einen überteuerten Kredit aufzunehmen.

Mein Rat: Immer alle Konten und Anlagen im Blick haben, Kontoauszüge und Fälligkeiten prüfen, Termingeld rechtzeitig kündigen (oder [automatisch] verlängern), Vermögen rechtzeitig umschichten!

Schwarzgeld, Geldwäsche

„Schwarzgeld" stammt aus Schwarzmarktgeschäften, aus jeder Art von illegalem Tun. Schwarzgeld ist meist Bargeld – aber nicht unbedingt.

Der Staat verfolgt dieses Geld und sucht – durchaus eigensüchtig, um es zu beschlagnahmen, einzuziehen – darum danach. Die Finanzämter tun es genauso wie der Zoll, die Polizei allgemein und außerdem werden die Geldsammelstellen, das sind vor allem Versicherungen und insbesondere Banken, als Handlanger mit eingesetzt.

Wer mit 10.000 Euro oder gar mehr in bar ankommt, ist schon mal verdächtig. Bei ein bisschen mehr kann das Geld auch schon gleich beschlagnahmt werden bis zur Überprüfung – und die kann dauern – Sorgfalt vor Geschwindigkeit sagte neulich, wenn auch in anderem Zusammenhang, eine SPD-Abgeordnete. Und bis dahin ist dem Eigentümer erstmal die Verfügungsmacht über sein Geld entzogen, Zinsen bekommt er selbstverständlich auch keine auch keinen sonstigen Schadenersatz. So kann man auf ganz legale Weise auch große Unternehmen in den Konkurs treiben.

„Geldwäsche" ist die Kunst, Schwarzgeld in normal verwendbares sauberes Geld zu transferieren. Beliebt sind hier staatliche Spielbanken.

Soviel zu Bargeld, das übrigens keineswegs in beliebigen Mengen über die Grenzen des Staates, des Euroraumes, der EU transportiert werden darf. Wer an der Grenze zur Schweiz mit einem Koffer voller Geldscheinen erwischt wird, wird mindestens einige Schwierigkeiten bekommen.

Wer von seinem Konto eine größere Überweisung tätigt – 15.000 Euro reichen schon -, zum Beispiel als Sondertilgung auf ein Baudarlehen, muss sich auch so ein paar Fragen gefallen lassen. Wem gehört das Geld? ist noch die harmloseste Frage.

Alle bösen Buben kennen selbstverständlich diese Vorschriften und Praktiken. Ob man wohl auch einen größeren Betrag in kleine Stücke teilen kann, an verschiedenen Stellen

(Banken) zu verschiedenen Zeitpunkten einzahlen/überweisen kann? - Die Schatzmeister der ach so staatstragenden Parteien wissen das jedenfalls sehr genau! Lernen Sie also von denen, die es so genau wissen.

Kredite

Kredite sind zu unterscheiden nach:
- Bank gibt und verwaltet den Kredit selbst.
- Bank vermittelt den Kredit eines Dritten (Dritter ist der Kreditgeber) aber die Bank verwaltet den Kredit für den Dritten.
- Bank vermittelt den Kredit eines Dritten und ist dann aus dem Geschäft.

Geh zur Bank, rede ein bisschen und zum Schluss wird ein Bausparvertrag unterschrieben. Dies ist dann der Fall: Die Bank vermittelt lediglich einen Kredit (den später von der Bausparkasse zu gewährenden Bausparkredit). Die Bank bekommt für die Vermittlung genau wie jeder Bausparkassenvertreter von der Bausparkasse die Vermittlerprovision. Der Bankkunde sieht diese Provision nicht und erfährt auch nichts über deren Höhe. Mit der weiteren Abwicklung des Bausparvertrages hat die Bank nichts mehr zu tun. Bei dieser Art der Vermittlung verdient die Bank allein durch diese Vermittlerprovision. Und in diesem Fall liegen die Dinge auch klar offen.

Es gibt aber viele Fälle, in denen verschweigt die Bank, wie viel sie verdient und wer die Provision an sie zahlt. So kann die Bank eine Lebensversicherung vermitteln mit dem Hinweis, dass dann von dem Versicherungsunternehmen ein günstiger Kredit gewährt würde – und lässt sich auch gleich, so als scheinbaren Kundendienst, die entsprechenden Formulare unterschreiben. Hier sieht der Kunde nicht, wie viel die Bank als Provision bekommt - das können mehrere Prozent der Versicherungssumme sein, die der Kunde über die laufende Versicherungsprämie bezahlt ohne es zu merken und zu wissen.

Anders, wenn die Bank einen Kredit vermittelt und diesen Kredit dann auch für den eigentlichen Kreditgeber verwaltet. Typische Beispiele sind die KfW-Kredite (KfW = Kreditanstalt für Wiederaufbau). Diese Kredite werden über die Hausbank beantragt und nach der Bewilligung durch die KfW von der Hausbank verwaltet. Die KfW legt die Kreditbedingungen fest (Laufzeit, Zinssatz, Tilgung). Die Bank bekommt für ihre Verwaltung eine laufende Provision, meist ein halbes Prozent vom (Anfangs-!)Kredit. Die Verwaltungsgebühr, die der Kunde zusätzlich zu den von der KfW geforderten Zins- und Tilgungsleistungen zu zahlen hat, bleiben also über die ganze Länge der Kreditlaufzeit in der Höhe konstant. Ein Beispiel: KfW-Kreditsumme: 10.000; Zinssatz: 0 Prozent; Laufzeit: 10 Jahre; jährliche Tilgung: konstant 1.000. Die Bank bekommt für die Verwaltung 0,5 Prozent jährlich von 10.000, also (10.000*0,005=) 50. Im letzten Jahr ist die Restschuld nur noch 1.000, aber die Verwaltungsgebühr bleibt bei 50 – und das ist dann auf einmal 5 Prozent Effektivzins. Weil das so ist, sollte man sich (wie bei jedem Kredit!) die Möglichkeit der vorzeitigen Rückzahlung sichern, und so einen Kredit gegebenenfalls vorzeitig tilgen.

Gibt die Bank den Kredit aus eigenen Mitteln, ist die Bank Kreditgeber und Verwalter in einer Person. Hier lebt die Bank von den mit dem Kredit verbundenen diversen Gebühren und von den Zinserträgen. Typischer Fall ist der normale Kontoüberziehungskredit oder ein wie immer genannter Kleinkredit mit festgelegter Laufzeit und festen Zahlungsbeträgen.

Schlimm sind Koppelgeschäfte. Bekannt ist die Form: Die Bank vermittelt den Kauf einer Immobilie und gibt gleichzeitig den Kredit dazu. Wenn die Sache mit der Immobilie nichts wird, dann sollte eigentlich auch der Bankkredit wegfallen. Hier aber vertritt die Bank die Auffassung, dass diese beiden Geschäfte völlig unabhängig voneinander seien und beharrt darum auf dem (übertewerten) Kredit, den der Kunde nun bedienen soll. - Diese Fälle beschäftigten auch die Gerichte, Stichwort „Schrottimmobilie". Ich halte nichts von derartigen Koppelgeschäften, mein Rat: Finger weg davon!

Bei allen Kreditgeschäften fragen Sie die Bank ausdrücklich nach den von Ihnen zu tragenden Kosten. Die Bank wird Ihnen irgendetwas sagen, und wird manches verschweigen. Sie werden die unterschlagenen Informationen vermutlich nie erfahren – fragen Sie trotzdem! Die Angabe eines Effektivzinssatzes ist auch nicht immer (genauer: fast nie) aussagefähig, man muss schon wissen, nach welcher Berechnungsmethode gerechnet und welche weiteren Bedingungen angenommen wurden. Die Behauptung, man habe sich an die gesetzlichen Vorschriften gehalten, kann sogar stimmen, und trotzdem kann das Ergebnis falsch sein.

Kredite, Eckdaten und Prüfpunkte
- Kredithöhe, Kreditsumme, Nennsumme des Kredits
- Kreditbeginn (Datum)
- Kreditlaufzeit (Jahre, Monate, Tage)
- Kreditende (Fälligkeitsdatum)
- Nominalzinssatz (Jahreszinssatz; selten: Halbjahreszinssatz, Quartalszinssatz, Monatszinssatz) wird bezogen auf den Nennwert des Kredits.
- Agio (Aufgeld); versteckt in Gebühren: zum Beispiel Bausparkassen: Darlehensauszahlungsgebühr.
- Disagio (Abschlag, Diskont), versteckt in Gebühren.
- Nominaltilgungssatz; wird bezogen auf den Nennwert des Kredits.
- Zahlungsinterval (jährlich, halbjährlich, quartalsweise, monatlich; einmalig am Laufzeitende).
- Zahlbetrag (Annuität, Summe von Nominalzinssatz und Nominaltilgungssatz)

- Tilgungsabschreibung (Termine wie Zahlungsintervall; oder Zahlungsintervall unterjährig aber Tilgungsabschreibung jährlich)
- zu gewährende Sicherheiten (Grundbucheintragung, Sicherungsübereignung)
- Kosten, Gebühren.
- Kosten einer Sicherheit (Notargebühren, Verwaltungsgebühren [Grundbuchamt]); Kosten fallen an bei der Sicherheitsgewährung und bei der Aufhebung!)
- Gebühren (Kontoführung, Kreditverwaltung)
- Selbstzahler oder Abbuchung durch Kreditgeber (Bankeinzug)
- Effektivzins (nur bedingt brauchbar! - hängt von den Annahmen ab)
- Sondertilgungen - unbedingt vereinbaren! (Höhe, minimal, maximal, Häufigkeit [jederzeit, in beliebiger Höhe, einmal jährlich, x-mal in der Laufzeit])
- Kündigung (durch Kreditgeber, durch Kreditnehmer)
- Verkauf des Kredits an Dritte (Kreditgeber hält sich den Verkauf der Forderung gern vor – Nachteile für Kreditnehmer beachten!)
- Zeitspanne für Bindung (Festzinssatz für bestimmte Zeit; Zeit, in der der Kredit vom Kreditnehmer nicht gekündigt werden darf).
- Wichtig ist, nach Tilgung eines Kredits die gegebenen Sicherheiten und Urkunden zurück zu bekommen. Hierzu gehört auch die vollstreckbare Schuldurkunde zur Eintragung einer Grundschuld.

SCHUFA und Co

SCHUFA (Schutzgemeinschaft für allgemeine Kreditinstitute und andere kreditgebende Wirtschaftsunternehmen), erste Gesellschaft 1927 in Berlin gegründet. In Deutschland bestehen 11 SCHUFA-Gesellschaften, die in der BUNDES-SCHUFA e.V. mit Sitz in Wiesbaden zusammengeschlossen sind.

Aufgabe: die Vertragspartner vor Verlusten im Kreditgeschäft mit Konsumente / Verbrauchern / Bankkunden zu sichern. Die SCHUFA ist also eindeutig gegen die Verbraucher gerichtet und dient den Vertragspartnern, also vor allem den Banken, die hier einen Teil ihrer Arbeit, die Prüfung der Bonität ihrer Kreditnehmer, ausgelagert haben.

Die SCHUFA sammelt Daten über Verbraucher, egal ob diese Kredite in Anspruch nehmen oder nicht (Vorratsdatenspeicherung) und gibt diese Informationen an ihre Mitglieder auf Anfrage weiter. Für die Richtigkeit der Daten bürgt die SCHUFA nicht, die SCHUFA haftet insbesondere nicht den Personen, deren Daten – richtig oder falsch – von ihr weiter gegeben werden. (Theoretisch mag eine Haftung bestehen, praktisch nicht, weil vom geschädigten Verbraucher die nötigen Beweise nicht erbracht werden können.)

Die SCHUFA bewertet die von ihr gesammelten Daten. Wie diese Bewertung aussieht, ist „Betriebsgeheimnis" und wird auch gegenüber den Datenschützern nicht herausgegeben. (Der Wiesbadener Datenschützer soll Angaben über diese Geheimnisse bekommen haben, darf sie aber nicht einmal an seine Datenschützerkollegen weitergeben.) Bekanntgeworden ist, dass die Wohngegend des Verbrauchers in die Bewertung eingeht. Bekannt wurde auch, dass die Tatsache, dass ein Verbraucher bei mehreren Banken (Giro-)Konten führt als abwertend geurteilt wird.

Die Kreditinstitute lassen sich bei jeder Kontoeröffnung vom Kunden ausdrücklich bestätigen, dass die Daten an die SCHUFA gemeldet werden dürfen.

Die SCHUFA wird auch von der Kripo abgefragt. Also wohl auch vom Finanzamt. Bei diesen Abfragen geht es vornehmlich um die Frage: Wo hat jemand eine Bankverbindung?

Die SCHUFA registriert auf Anfragen einer Bank, gibt es in kurzer Zeit viele Anfragen zur gleichen Person, weil die die Kreditbedingungen abfragt, wird dies von der SCHUFA (bei falscher Schlüsseleingabe durch die Bank) als Ablehnung eines Kredits gewertet und führt dazu, dass die Bewertung mit jeder weiteren Abfrage immer schlechter wird. Am Ende wird der Kunde einfach deswegen kreditunwürdig, weil er es wagte, bei mehreren Banken die Kreditbedingungen abzufragen.

Mein Rat: Abfragen nach den Kreditbedingungen immer ohne Namensangabe machen. Geht das nicht (im Internet) dann falsche Personalangaben machen! Nur bei der wirklichen Kreditaufnahme müssen wahre Angaben gemacht werden.

<u>Fälligkeit und Prolongation</u>

Jede Geldforderung hat eine Fälligkeit.

Die Buchungen auf unserem Girokonto – Guthaben oder Kredit – sind „täglich fällig", also sofort. Weil das so ist, darf der Kontoinhaber das gesamte Guthaben jederzeit bar abheben oder sonst wie darüber verfügen.

Aber auch die hier gebuchten Kredite (Überziehungskredite) sind täglich fällig. Die Bank kann also jederzeit kommen und die Rückzahlung dieser Kredite in voller Höhe und sofort verlangen.

Die Bank gewährt auf Verlangen und Absprache für diese Kredite eine „Kreditlinie", meist das zwei- bis vierfache der laufenden Eingänge, wie zum Beispiel Gehalt. Darüber hinaus gestattet die Bank als „geduldete Überziehungen" noch darüber hinaus gehende Kredite. Der Unterschied zwischen den Krediten unterhalb und oberhalb der

Kreditlinie ist die Höhe des Zinssatzes. Oberhalb der Kreditlinie kostet der Kredit meist fünf Prozent Strafzins, der auf den normalen Kreditzins aufgeschlagen wird.

Nun kann die Bank jederzeit kommen und sagen, bitte tilge sofort die Kredite. Der Kunde wird dann in ziemliche Schwierigkeiten kommen, denn dieser Kredit ist teuer und er wird ihn nur aufnehmen, wenn er eben keine andere Art der Finanzierung hat.

Die Bank kann aber auch jederzeit die Höhe der Kreditlinie ändern. Eine Erhöhung ist meist unschädlich. Eine Senkung ist nur dann relativ unbedeutend, wenn gerade kein Kredit in Anspruch genommen wird. Liegt aber der Kredit zwar unter der alten (höheren) Kreditlinie aber über der neuen (geringeren) Kreditlinie, dann erhöhen sich plötzlich die zu zahlenden Kreditzinsen, weil ja nun ein Teil des Kredits jetzt nur noch als eine geduldete Überziehung gilt.

Mein Rat: Immer auf die im Kontoauszug angegebene Höhe der Kreditlinie achten!

Prolongation

Prolongation = Verlängerung. Ein Kredit, dessen Fälligkeitstermin erreicht ist, und nach den bisherigen Vereinbarungen zwischen Kreditnehmer und Kreditgeber (Bank) jetzt eigentlich zurückgezahlt werden müsste, wird in einer neuen Vereinbarung zwischen Kreditnehmer und Kreditgeber (Bank) „verlängert", es wird ein neuer in der Zukunft liegender Fälligkeitstermin vereinbart. Bei dieser Vereinbarung können auch die Kreditbedingungen neu ausgehandelt werden.

Beispiel: Ein Bauherr hat für die Baufinanzierung ein Darlehen aufgenommen, zu 6 Prozent Zins und 2 Prozent Tilgung, Zinsbindung 10 Jahre. Nach diesen 10 Jahren ist von dem Anfangsdarlehen noch eine Restschuld von rund 74 Prozent offen. Da der Kreditnehmer diesen Rest nicht in einem Betrag jetzt sofort zurückzahlen kann, wird der Kredit prolongiert, das heißt, der Kreditnehmer bittet um Verlängerung und der Kreditgeber (Bank) stimmt zu. Die Prolongation ist ein Rechtsgeschäft, dem beide Seiten zustimmen müssen.

Pech hat unser Darlehensnehmer, wenn die Bank der Verlängerung nicht zustimmt oder die Kreditbedingungen deutlich verschlechtert, sie also den Zinssatz und die Tilgung anhebt.

Unser Bauherr hat eigentlich recht leichtsinnig bei seiner Finanzierung gehandelt, weil er nicht sicher sein kann, was nach der Zinsbindung folgt. Unser Bauherr hat spekuliert – und so mancher hat verloren. Also Vorsicht bei solchen Finanzierungen, deren Ende undefiniert ist!

Übrigens: Alle Banken handeln wie unser Bauherr, nur mit viel kürzeren Fristen, bis zu Bindungsfristen von einem Tag (Tagesgeld!) - und wenn eine Bank am andern Tag keine neuen Kredite bekommt, um die Alten zu bezahlen, dann muss sie Konkurs anmelden! Und so entstehen Bankenkrisen, Kreditkrisen – und Weltwirtschaftskrisen.

Von der Lohntüte zum Girokonto

Ich habe es noch erlebt, dass der Lohn, das Gehalt am Arbeitsplatz bar ausgezahlt wurde, abgezählt in der Lohntüte. Dann wurde es ganz still, jeder sah in seine Tüte und zählte gewissenhaft den Betrag bis auf den letzten Pfennig nach.

Dann wurde den Unternehmen das zu aufwendig, sie forderten von ihren Mitarbeitern Konten einzurichten und zahlten den Lohn, das Gehalt auf diese Konten. Am Zahltag kamen dann etliche Mitarbeiter der Bank mit großen Geldkoffern und zahlten von eben diesen Konten den gesamten Betrag an die Mitarbeiter des Unternehmens aus, die dafür einen Scheck vorlegten. So wurden die Arbeitnehmer, die Arbeiter, Angestellten und Beamten an das Girokonto und den Scheck herangeführt, mehr oder minder gewaltsam gedrängt.

Kaum hatte sich der Bürger so an den Scheck gewöhnt, der auf einem internationalen Gesetz, dem Scheckgesetz, beruht, gab es auch schon die ersten für die Banken sehr teuren Pannen oder Missbräuche. Der Scheck wurde wieder eingezogen und dann erfand man ja auch bald die Scheckkarte, Bankkarte, Kreditkarte, wie auch immer sie genannt wurde, kurz: Das Plastikgeld, mit dem wir uns nun herumplagen – und betrogen werden.

Bankvollmacht

Hier geht es um die Vollmacht, die ein Bankkunde (Kontoinhaber) einer dritten Person erteilt, damit diese über das Konto verfügen kann.

Die Bank hat für diesen Zweck Formulare und möchte gern, dass nur diese verwendet werden. Man sollte sich diese Vordrucke – auch und gerade das Kleingedruckte – genau durchlesen. Und man kann durchaus, das eine oder andere Recht aus dieser Vollmacht streichen, denn muss der Bevollmächtigte wirklich berechtigt sein, Kredite aufzunehmen? Muss der Bevollmächtigte Wertpapiergeschäfte machen, wenn man doch kein Depot hat?

Eine Vollmacht kann zeitlich begrenzt werden, diese Begrenzung sollte eindeutig durch die Angabe eines Kalenderdatums (notfalls mit Uhrzeit, wer es ganz genau macht: Weltzeit) definiert sein. Eine allgemeine Angabe („... so lange ich auf Reisen bin ...") ist schlecht, weil nicht eindeutig.

Eine Bankvollmacht kann auf einzelne Handlungen, ein einzelnes Geschäft beschränkt sein („... berechtigt heute von meinem Konto einmalig 1000 Euro abzuheben ...").

Eine Bankvollmacht sollte – als Vorsorgevollmacht gedacht – immer über den Tod hinaus gelten. Die Vorsorgevollmacht darf, gerade für diesen Fall gedacht, nicht mit einem einschränkenden Zusatz („... wenn ich nicht selbst in der Lage ...") versehen sein, denn dann müsste der Bevollmächtigte immer erst beweisen, dass eben dieser Sonderfall eingetreten ist – und Banken können da sehr misstrauisch sein.

Die Banken fordern vom Bevollmächtigten eine Kopie des Personalausweises sowie eine Unterschriftsprobe auf der Vollmachtsurkunde. Eigentlich wollen die Banken auch, dass der Bevollmächtigte diese Unterschrift vor dem Mitarbeiter der Bank abgibt. Genauso die Kopie des Ausweises, die Bank will es lieber selber machen, als sich mit einer vom Bankkunden und Vollmachtgeber mitgebrachten Kopie abzufinden.

Die Bank verbummelt, vernichtet absichtlich, bisweilen erteilte Bankvollmachten, ohne dies dem Kontoinhaber mitzuteilen. Mein Rat: Mindestens einmal im Jahr in der Bank nach allen existierenden Vollmachten fragen!

Die Bank mag Bankvollmachten älteren Datums nicht und verlangt nach Jahren eine neue. Dies vermutlich auch, weil auf der alten Vollmachtsurkunde noch Formulierungen stehen, die die Bank jetzt nicht mehr haben will.

Die Bankvollmacht auf den Vordrucken der Bank ist (bisher) kostenlos.

Man muss sich von der Vollmachtsurkunde selbst eine Kopie machen oder sie von der Bank ausdrücklich fordern – von allein kommt die Bank nicht auf diese eigentlich selbstverständliche Idee.

Effektivzins

Sowohl bei der Kapitalanlage als mehr noch bei Krediten wird Ihnen auf die Frage nach dem Effektivzins(-satz) eine Zahl an den Kopf geworfen. Fragen Sie weiter, was denn da alles hinein gerechnet wurde, gibt es die schon recht unfreundliche Antwort: alles – Genaueres weiß ihr Gesprächspartner ohnehin nicht.

Bei der Effektivzinsberechnung geht es um zwei Fragen:
a) was wird in die Rechnung einbezogen?
b) wie wird gerechnet?

Für einen Bau wird die Finanzierung zusammengestellt. Die Bausparkasse will ihr Baudarlehen möglichst zinsgünstig erscheinen lassen. Sie rechnet nach Vorschrift in ihren Effektivzins ein:
- Den Nominalzinssatz
- Die Kontoführungsgebühr
- Die Darlehensauszahlungsgebühr

- Die Tatsache, dass monatliche Zahlungen zu leisten sind, aber nur quartalsweise die Tilgung abgeschrieben wird.

Und dies rechnet die Bausparkasse nicht mit:
- Die geforderte Risikoversicherung
- Die Kosten der Grundbucheintragung am Anfang
- Die Kosten der Grundbuchlöschung am Ende.

Aber auch das sind Kosten des Darlehens und die fallen nicht an, wenn eine andere Finanzierung ohne diese Kostenteile gewählt wird. Der Kreditnehmer kann also alternative Darlehen über den genannten Effektivzins nicht eindeutig vergleichen.

Dann die Art der Berechnung. Der Kredit mag über 7 Jahre 8 Monate laufen. Dann wird der unterjährige Teil nach der einfachen Zinsrechnung gerechnet, die vollen Jahre aber mit Zinseszinsen. Schlimmer noch, um etwa bei monatlicher Zahlweise auf einen Jahresbetrag zu kommen, wird innerhalb des Jahres mit einfachen Zinsen ein Jahresbetrag ermittelt, mit dem dann mit Zinseszinsrechnung weiter gearbeitet wird.

Aber es geht ja auch anders und vor allem richtiger. Wenn schon monatlich gezahlt wird, warum dann nicht auch eine auf den Monat bezogene Zinseszinsrechnung machen. Tut man das, kommt man vom Nominalzinssatz, der ein Jahreszinssatz ist, für die Rechnung zu einem „konformen Zinssatz", der je nachdem ein Halbjahreszinssatz, Quartalszinssatz, Monatszinssatz oder auch Tageszinssatz sein kann, und der am Ende der Rechnung wieder für die Vergleichbarkeit in einen jetzt Effektivzinssatz, aber auf das Jahr bezogen, umgerechnet werden muss.

Der Aufzinsungsfaktor für 5 Prozent Nominal-Jahres-Zinssatz ist 1,05 (= 1 + Zinssatz/100). Der zugehörige Halbjahreszinssatz ist nicht einfach 1,025, sondern 1,02469507659 (= Quadratwurzel = 2. Wurzel aus 1,05). Und der Quartalszinssatz ist nicht einfach 1,0125, sondern 1,01227223442 (= 4. Wurzel aus 1,05). Diese scheinbar kleinen Unterschiede machen aber schon im Ergebnis was aus.

Der Effektivzins dient dem Vergleich. Man will ja das Angebot A mit dem Angebot B vergleichen. Die Versicherungsmathematiker stehen ständig vor diesem Problem, sie müssen immer die Leistungen des Versicherers mit denen des Versicherungsnehmers vergleichen, diese beiden Werte sollten immer gleich sein. Um diesen Vergleich herstellen zu können, berechnen sie die „Barwerte" der jeweiligen Leistungen. Genau, wie die Versicherungsmathematiker es tun, muss man es auch bei der Effektivzinsberechnung für Anlagen oder Kredite machen: Es müssen die jeweiligen Barwerte errechnet werden, die dann im Vergleich das bessere Angebot zeigen.

Wenn die Zahlungstermine und die Zahlbetragshöhen vom Zahlenden verändert werden können – Kreditsondertilgungen oder zusätzliche Sparleistungen – dann verändern sich die Effektivzinsen mitunter erheblich. Wer Derartiges vorhat, kommt mit den Standardangaben des Anbieters ohnehin nicht weit.

Also immer selber rechnen – ein Tabellenkalkulationsprogramm hilft dabei, aber es macht es nicht allein.

Wertpapiere

„Wertpapier, in Form einer Urkunde verbrieftes Vermögensrecht, zu dessen Ausübung der Besitz der Urkunde nötig ist." Alles klar?

Jeder von uns kennt ein Wertpapier, hat es jeden Tag in der Hand: unsere Geldscheine. Und hier kann man gleich den Unterschied von Eigentum und Besitz lernen (es soll Juristen geben, die das nicht wissen). Ich kann das Recht aus dem Geldschein nur ausüben, wenn ich den Geldschein in der Hand habe oder eben im „Besitz" dieses Scheins bin, ob dieser Schein auch mein „Eigentum" ist oder ich ihn geklaut habe, ist für seine Verwendung völlig gleichgültig. Der Geldschein ist übrigens ein „Inhaberpapier": wer ihn in der Hand hat, hat das Recht daraus.

Üblicherweise werden als Wertpapier bezeichnet: Aktien, Anleihen, Pfandbriefe, Staatsanleihen, dann die „Derivate". Keine Wertpapiere sind hingegen die eigene Geburtsurkunde, die Heiratsurkunde aber eben auch nicht das Sparbuch oder der Kontoauszug. Soweit die juristische Definition und Abgrenzung. Welchen Wert ein „Wertpapier" tatsächlich hat, ja, ob es überhaupt einen Wert hat, ist eine ganz andere Frage. Die Geldscheine aus der Inflationszeit um 1923 „1.000.000 Mark" haben jedenfalls keinen Wert, heute nicht, und damals auch nicht sehr viel mehr.

Aktien haben ihren Wert, weil sie einen Anteil am Vermögen einer Aktiengesellschaft repräsentieren, sie sind daher nicht der Inflation unterworfen. Anleihen, Industrieanleihen, sind so gut und wertvoll, wie das Versprechen des ausgebenden Unternehmens ist, diese Schuld einmal zurückzuzahlen. Hinter Pfandbriefen, dem guten alten deutschen Pfandbrief, steckt die Summe von Hypotheken (heute durch Grundschuldeinträge gesichert) auf (Wohn-)Gebäude, unter diesen Bedingungen recht sicher, aber inflationsgefährdet. Hinter den Derivaten steckt im günstigen Fall ein Warenwert, eine bestimmte Menge Gold, irgendein anderes Metall, eine Menge Öl einer bestimmten Qualität, eine Menge Weizen. Solange dieses Gut nicht untergeht, es keiner klaut oder veruntreut, mag die Sache angehen.

Wenn aber hinter einem Derivat nur ein undefiniertes Bündel anderer Derivate steht, hinter denen jeweils auch wieder nichts als ein bedruckter Prospekt steht, und das noch eine ganze Weile weiter so, dann sind das die „Wertpapiere" aus denen Krisen gemacht werden. Finger weg!

Staatspapiere sind eine besondere Spezies. Staatspapiere werden ausgegeben, um die laufenden Konsumausgaben (z.B. Gehälter, Pensionen) der Staaten zu decken. Einen wirklichen Wert haben sie alle nicht. Sie werden nur per Gesetz als sicher (mündelsicher) bezeichnet. Da sie alle auf einen bestimmten Geldbetrag lauten, sind sie der Inflation unterworfen.

Wertpapiere sind heute nur selten noch eine tatsächlich bedruckte Urkunde. Praktisch werden sie durch Umschreibung, durch Umbuchung, von Depot zu Depot geschoben, genauso wie das Geld auf den Girokonten ja auch nur durch Umbuchung hin und her geschoben wird.

Börse

Begriff Börse: Marktveranstaltung, die hinsichtlich des Ortes, der Zeit, der Marktteilnehmer und des Ablaufs genau geregelt ist. Die Handelsobjekte müssen gegenseitig vertretbar sein, es können sein: Waren, Devisen, Effekten.

Aus Filmen kennen wir die Börse als einen Raum mit vielen Leuten, die alle durcheinander schreien, gestikulieren, und dann gespannt auf die große Anzeigetafel schauen. Dies ist, so weit es denn richtig dargestellt ist, der „Parketthandel" - ob dieser Börsensaal wirklich mit Parkett ausgelegt ist, kann ich nicht sagen.

Viel wichtiger als dieser fotogene Parketthandel ist heute der Handel über die Rechner – und die stehen irgendwo in einem hoffentlich sicheren Raum und sind überhaupt nicht fotogen.

Da auf diesen Rechner von überall Zugriff besteht, ist die frühere Einheit des Ortes praktisch aufgehoben. Auch die Begrenzung nach Zeit und Marktteilnehmer wird langsam aufgeweicht.

Der Handel an der Börse verursacht für uns Normalmenschen Kosten. Vom Börsengeschäft will einmal das Unternehmen seine Gebühren, Provisionen und was sonst noch bekommen, und dieses Unternehmen, das diese Börse betreibt, lebt nicht schlecht davon, gibt eigene Aktien aus, die wiederum an eben dieser Börse wie normale Aktien gehandelt werden können.

Dann möchte ein Börsenmakler, ein Vermittler (Bank) auch etwas an Gebühren und Provision bekommen. Unter Umständen auch der Staat über eine entsprechende Steuer oder sonstige Abgabe. Die Bank will für die Depotverwaltung noch extra bezahlt werden.

Bevor also jemand jung und frisch und hoffnungsvoll sein Geld zur Börse tragen kann, um dort so ganz nebenbei seine Millionen zu scheffeln, gibt es am Wegesrand viele, die die Hände aufhalten und recht deutlich mehr oder minder viel Kleingeld fordern.

Was und wie viel zu berappen ist, hängt auch davon ab, wie man an das Geschäft herangeht. Aber bitte: Immer erst sorgfältig und ausgiebig dieses Feld erkunden – und dann viel Glück – und jeder Gewinn ist steuerpflichtig!

Vermögensberatung

Bevor Sie zu irgendjemand zur Vermögensberatung gehen, machen Sie – nur für sich selbst – eine Aufstellung über Ihr Vermögen.

Da ist zunächst der Vermögensbestand, dies sind Bankguthaben, Wertpapiere, eventuell weitere Forderungen gegen Dritte, das Grundvermögen. Dem stehen eventuell vorhandene Verpflichtungen gegenüber. Beispiel Haus: Wert 500.000, Belastung 300.000, also eigentliches Vermögen nur 200.000 – wenn es denn verkauft würde und der Verkäufer bekäme, was er gern haben möchte.

Da sind die laufenden Einnahmen und Ausgaben, normalerweise also das Gehalt als Einnahme und die laufenden Ausgaben. Wir wollen hoffen, dass die Einnahmen über den Ausgaben liegen.

Da ist das bisher Angesparte zur Alterssicherung. Wer im Alter mit 65 Jahren in die Rente eintritt, hat noch 20 bis 30 Jahre zu leben – und dieses Leben kostet Geld. Private Versicherungen haben zwar einen Barwert, aber da dieser Vermögensteil für das Alter vorgesehen ist, sollte man hier nicht leichtfertig etwas ändern und die Ansprüche aus der gesetzlichen Rente oder bei Beamten Pensionen können ohnehin nicht anders eingesetzt werden, obwohl hier ganz erhebliche Vermögen vorhanden sind. Es lohnt also nicht, hier den Rentenbarwert (abhängig vom gewählten Zinssatz und der Sterbetafel) sich auszurechnen. Wer trotzdem gerne rechnet, hier die Faustregel: Jahresrente mal 20 ist so ungefähr der Rentenbarwert.

Was haben wir denn nun nach sorgfältiger Rechnung als Vermögen herausbekommen? Jetzt müssen wir noch für eine Sicherheitsreserve sorgen. Sie sind Arbeitnehmer, ungekündigt? Das kann sich schnell ändern. Und das Arbeitsamt zahlt nicht mal die kümmerliche Unterstützung, weil das Amt einfach behauptet, Sie seien ja selbst schuld am Verlust des Arbeitsplatzes. Es gibt erstmal eine Sperre von drei Monaten. Das mag sich später anders darstellen und auch nachgezahlt werden – aber diese drei Monate müssen erstmal überbrückt werden. Aber eine Reserve von drei Monatsausgaben ist eigentlich zu wenig, da auch die Waschmaschine, sie läuft schon dreißig Jahre, gerade jetzt ihren Dienst einstellt. Das Auto möchte unbedingt wieder in die Werkstatt und ein wenig Glatteis besorgt Ihnen einen Knochenbruch. Also, die Reserve muss höher sein, mindestens sechs Monate sollten überbrückt werden können. Übrigens, manche Vermögens- und Anlageberater sprechen hier von drei Jahresausgaben! - Und wenn Sie jetzt immer noch was an Vermögen anzulegen haben, dann dürfen Sie auch zur Bank oder dem Vermögens- und Anlageberater gehen.

Ist der Berater gut, fragt er sehr indiskret nach allen eventuell vorhandenen Vermögenswerten (daher die Aufstellung!), fragt er danach nicht oder nur sehr oberflächlich, dann ist wohl auch die Beratung etwas oberflächlich. Ein guter Berater wird sich mehrere Stunden Zeit für Sie nehmen (Stundenpreis so um 200 Euro) und der Berater will von Ihnen bezahlt werden, planen Sie also schon mal den ersten Tausender ein. Wollen Sie das nicht bezahlen, gegen Sie getrost zur Bank, die macht es scheinbar umsonst. Nur der Berater, der Ihnen nicht offen eine Rechnung stellt, wird von denen bezahlt, deren Produkte er Ihnen aufhängt – und das ist weitaus teurer, aber Sie merken es ja nicht.

Eine über Vertreter (Bank!) vermittelte Lebensversicherung kostet rund 5 Prozent der Versicherungssumme (bei Direktversicherern liegt das deutlich darunter), die Bausparkassen haben ihre Abschlussgebühr (Vertreterprovision, Bank), Kontoführungsgebühr und mickerige Sparzinsen.

Bundesanleihen haben einen miesen Zins von derzeit rund 2 Prozent. Wer mehr bietet, könnte nicht so sicher sein. Und Bankschuldverschreibungen, außer dem echten Pfandbrief, sind jedenfalls nicht sicher, wie wir jüngst gelernt haben. Dann schon eher Industrieanleihen namhafter Unternehmen.

Grundsatz: je höher der Zinssatz, um so unsicherer das Wertpapier.

Eine Frage ist bei jeder Kapitalanlage auf Empfehlung wichtig: Welche Eigeninteressen hat der Empfehlende an dieser Empfehlung? Bekommt er Provision, Gebühren, Gewinnanteile und das alles in welcher Höhe? Bei Banken kostet jede Anlageempfehlung Geld, nicht immer offen aber versteckt um so mehr. Größenordnung: 5 Prozent des anzulegenden Kapitals wechseln direkt oder indirekt in die Taschen des Vermittlers / der vermittelnden Bank.

Wie sicher ist die Anlage? Wenn das Kapital verloren geht, dann nützt auch die versprochene Rendite von 10 Prozent nichts.

Und noch eins: Reich wird man nicht durch das eine gute Geschäft, sondern durch die vielen schlechten, die man lässt!

Rating-Agenturen

Rating (Einschätzung). Rating-Agenturen, von den (USA-)Banken gegründet, um den Wert von Objekten (Wertpapieren) für die Banken zu bestimmen und den Kapitalmarkt zu beeinflussen, also schlicht um Macht auszuüben. Die Bewertung einer Anlage (eines Wertpapiers) ist eine ureigentliche Aufgabe einer Bank, hier gibt die Bank etwas außerhaus, zunächst, um Kosten zu sparen, dann aber auch, um Verantwortung abzuschieben. Die Rating-Agenturen werden von den gleichen Banken, die diese Agenturen gegründet haben und die deren Eigentümer sind, sofort missbraucht, um eigene, von der Bank herausgegebene „Wertpapiere" - selbstverständlich positiv – zu bewerten mit dem Ziel, die Käufer dieser so hochgelobten Bankprodukte abzuzocken, zu betrügen. Aus der gerade durchlebten Bankenkrise wissen wir, dass auf diese Weise gern die eine Bank die andere betrogen und belogen hat, das war ja eines der Kennzeichen dieser Krise. Die Betrogenen waren also sowohl andere Banken als auch die Kunden dieser Banken, die gutgläubig alles kauften, was die Bank gerade empfahl.

Daraus folgt: wer sich auf die Bewertung durch andere verlässt, ist selbst schuld, wenn er Verluste erleidet und betrogen wird.

Andersherum heißt das für den Anleger: Kauf nichts, nur weil dir einer (deine Bank!) erzählt, das sei gut. Kaufe nichts, von dem du nichts verstehst. Nur wenn derartige Schrottwerte nicht verkäuflich sind, werden sie auch vom Markt verschwinden!

Ansonsten sind Rating-Agenturen, die namhaften alle in den USA angesiedelt, ein Instrument andere (Länder, Banken, Unternehmen) wirtschaftlich zu beherrschen. Die Rating-Agenturen legen nicht offen, wie (nach welchen Daten) sie eine Anlage (ein Wertpapier), ein Unternehmen, einen Staat bewerten. Sie verkünden einfach ein Bewertungsergebnis – und die Welt rennt hinterher. Die Rating-Agenturen verkünden: ein Staat, ein Unternehmen sei so gut wie Pleite, schon muss der so Abgewertete am Kapitalmarkt höhere Zinsen für seine Kredite bezahlen und an diesen höheren Zinsen verdienen dann wieder die kreditgebenden Banken. Griechenland wurde abgewertet, seine Anleihen mussten mit Zinssätzen von 10 Prozent bei einjähriger Laufzeit ausgestattet werden, wurden von den Banken gekauft, die sich dann von den anderen Euro-Staaten diese Anleihen garantieren ließen. Die Macht der Rating-Agenturen beruht darauf, dass hinreichend viele ihren Bewertungen glauben. Glauben Sie keiner Rating-Agentur! Prüfen Sie selbst!

Eigenkapitalverzinsung, Eigenkapitalunterlegung, Sicherheit einer Bank

Die Sache mit der Eigenkapitalverzinsung.

Sie tragen Ihr eigenes Geld zur Bank und bekommen, wenn Sie gut verhandelt haben, dafür 2,5 Prozent Zinsen – und dann lesen Sie, dass der Chef der Deutschen Bank eine Eigenkapitalverzinsung von 25 Prozent als selbstverständlich mindestens zu erwirtschaftendes Ziel für seine Bank vorgibt. Welch ein Unterschied! Welch eine Ungerechtigkeit! Aber Vorsicht.

Die Bank arbeitet mit viel Fremdgeld. Der Anteil ihres eigenen Geldes, ihr Eigenkapital, ist bestenfalls 10 Prozent meistens aber deutlich weniger. Noch einmal: von jeweils 100 Euro der Bankbilanzsumme sind lediglich 10 Euro eigenes Geld.

Die Bank mag nun auf ihr gesamtes Vermögen (= Bilanzsumme) – in unserem Beispiel 100 Euro – einen durchschnittlichen Zinsertrag von 2,5 Prozent erwirtschaften. Dann sind diese erwirtschafteten 2,5 Prozent – im Beispiel 2,50 Euro – bezogen auf das Eigenkapital – im Beispiel 10 Euro – 25 Prozent! Die große Bank ist also nicht besser als Sie armes Würstchen. Die Prozentspielerei verzerrt nur das Bild, wenn man nicht auf die Basis der Berechnung achtet.

Will nun die Bank die Eigenkapitalverzinsung steigern, dann kann sie es – bei sonst unveränderten Bedingungen – durch Senkung des Eigenkapitalanteils. Sinkt der Eigenkapitalanteil zum Beispiel von 10 Prozent auf 8 Prozent, dann bedeutet das in unserem Beispiel, dass die Eigenkapitalverzinsung auf 31,25 Prozent steigt. Und darum wollen die Banken mit möglichst wenig Eigenkapital arbeiten, und wehren sich so sehr gegen eine gesetzlich vorgegebene Erhöhung der Eigenkapitalunterlegung.
Alles klar? Nein? Noch einmal, hier ein Beispiel:
Bankbilanz: 500 (Millionen)
Eigenkapital: 50 (Millionen)
Erwirtschaftete Gesamtverzinsung: 2,5 Prozent, bezogen auf 500 (Millionen) sind das (500 [Millionen] * 0,025 =) 12,5 (Millionen) Ertrag. Aber bezogen auf das eingesetzte Eigenkapital von 50 (Millionen) sind diese 12,5 (Millionen) dann ((12,5 [Millionen]*100) / 50 [Millionen] =) 25 Prozent!
Bei der Prozentrechnung kommt es immer auf die Basis an, was ist in der Rechnung 100 Prozent?

Warum nun die große Deutsche Bank – und alle anderen Banken sind nicht besser – nur eine so mickerige Gesamtverzinsung des insgesamt eingesetzten Kapitals erreicht, wird uns an anderer Stelle noch einmal beschäftigen.

Die Sache mit der Eigenkapitalunterlegung

Sie wollen ein Haus bauen, Sie denken sich was aus, nichts Besonderes, soll ja auch nur 1.000.000 Euro kosten. Ein bisschen Geld haben Sie ja, also auf zur Bank, die soll den lumpigen Rest geben. Dort erzählen Sie dann treuherzig, 50.000 Euro hätten Sie ja – die weiteren 950.000 soll die Bank geben. Und was sagt die Bank? Sie rät Ihnen, es doch erstmal mit einer Laube für 100.000 oder maximal 150.000 Euro zu versuchen. Also weniger höflich gesagt: Ihr Eigenkapital reicht nicht. Von Ihnen für Ihren Hausbau verlangt die Bank einen Eigenkapitalanteil von 30 bis 40 Prozent. Und diese 30 bis 40 Prozent sind Ihre höchstpersönliche Eigenkapitalunterlegung für Ihr Bauvorhaben.

Warum handelt die Bank so? Nun, es könnte doch sein, dass Sie zahlungsunfähig werden und dann möchte die Bank aus dem Verkauf Ihres Hauses ihre Darlehensforderung sich daraus sichern können. Wenn die Bank Ihnen also nur 60 Prozent der Hauskosten (einschließlich Grundstück) gibt, dann kann sie im Fall des Falles auch mit einem Verkaufspreis von 65 Prozent des Wertes des Hauses noch ihre Forderung abdecken. Die möglichen Verluste tragen Sie allein. So sieht das also aus – für Sie.

Ganz anders bei der Bank. Die hat nämlich eine Eigenkapitalunterlegung von 5 Prozent oder weniger und damit gilt sie als nicht besonders sicher. Bei 6 Prozent aber gilt sie bereits als krisenfest, und mit 7 oder 8 Prozent steigt sie in die Oberklasse auf.

Das aber besagt nichts anderes, als dass die Bank pleite ist, wenn sie diese 5 oder 6 oder 8 Prozent ihrer Bilanzsumme verliert, weil dann ihr Eigenkapital aufgebraucht ist. - Und weil die Banken dies so genau wissen, misstrauen sie sich in der eben gehabten Krise und geben einander keine Kredite, so kann die Bankenkrise überhaupt erst entstehen. Und weil nun alle Banken auf einmal auf die Idee kommen, ihren Eigenkapitalanteil zu erhöhen, knausern sie mit Krediten an die Wirtschaft und lösen so die Kreditklemme aus.

Gemessen an dem Eigenkapital, das die Banken als Voraussetzung für einen Kredit von Ihnen oder allen Privatpersonen aber auch den Unternehmen, vom Handwerkermeister bis zum Industriegiganten, verlangen, ist jede Bank unterkapitalisiert und damit kreditunwürdig. Und weil das so ist, gehen Banken so schön Pleite – oder müssen vom Staat mit vielen Milliarden gestützt werden, um noch größere Schäden abzuwenden. Und das wird auch so bleiben, solange andere den Banken die Schulden und Verluste bezahlen. Sie, der Sie dies gerade lesen, sollen zahlen und Ihr Vermögen, das Sie leichtsinnig der Bank als Einlage übergeben haben, auf diese Art verlieren.

So ist das mit der Sache der Kapitalunterlegung bei den Banken.

Übrigens: Nur Banken dürfen Geld bei der Bundesbank deponieren. Einige große Unternehmen möchten das auch gern – wenigstens über Nacht -, weil ihnen die Banken zu unsicher sind, die Bundesbank lehnt das bisher aber ab. Nun versuchen es manche Unternehmen anders: Sie gründen eine Bank. Nur wir armen Wichte sollen auch weiter unser Geld zur Bank tragen und dürfen hoffen, es mal wieder zusehen.

Sicherheit einer Bank

Wir sahen, dass die Banken unterkapitalisiert sind. Der Anteil des Eigenkapitals an der Bankbilanz liegt zwischen 5 und 10 Prozent. Wenn dieses Eigenkapital verloren geht, ist die Bank Pleite – und daran muss die Bank nicht einmal immer selbst schuld sein.

Ein Beispiel. Die Bank habe eben diese 10 Prozent an Eigenkapital. Weitere 50 Prozent hat sie in angeblich völlig sicheren Bundesanleihen angelegt. Der Zinssatz dieser Bundesanleihen mag 2 Prozent sein, die Laufzeit 10 Jahre. Alles solide, sicher nicht besonders zweckmäßig, aber legal und eben solide.

Nun steigt der Zins am Kapitalmarkt (Ursache: Entscheidung der unabhängigen EZB) auf 4 Prozent. Damit fallen die Kurse der 2-prozentigen Bundesanleihe von bisher 100 Prozent auf etwas über 50 Prozent. Unsere ach so solide Bank hat plötzlich ein Viertel ihrer Bilanzsumme verloren, denn sie muss nach den geltenden Gesetzen die nicht realisierten Buchverluste wie reale Verluste ausweisen, - und da dieser „Verlust" weit über ihrem Eigenkapital liegt, geht sie, von diesen Gesetzen gezwungen, zum Gericht und meldet ihren Konkurs an. Pleite. Pleite, weil sich der Marktzins erhöht hat! Kein Fehler der Bank – und das mit ganz sicheren Bundesanleihen!

Welche Folgen hat eine Bankpleite für ihre Kunden? Alles, was im Depot liegt, ist von der Pleite der depotführenden Bank nicht betroffen, denn dies ist ein Sondervermögen. Es mag eine Weile dauern, bis der Depotinhaber wieder über sein Vermögen verfügen kann, aber er verliert es nicht. Sollte die Bank aber mit den Depotinhalten spekulieren und verlieren, dann ist dies auch für den Depotinhaber ein Verlust.

Ist die Pleitebank in einem Einlagensicherungsfonds, dann sind die Einlagen (Kontoguthaben) bis zu einer bestimmten Höhe gesichert. Auch hier, es dauert nur etwas, bis wieder Verfügungen möglich sind.

Daraus ergeben sich für den Kunden einige Folgerungen:
- Frage deine Bank, ob sie Mitglied in einem Einlagensicherungsfonds ist und bis, zu welcher Höhe die Einlagen gesichert sind.
- Bezieht sich die Sicherung auf jedes Konto oder je Kunde als Inhaber mehrerer Konten?
- Vermögen auf mehrere Banken verteilen?

<u>Börsentipp</u>

Es gibt Leute, Firmen, die geben gewerbsmäßig Börsentipps, nein selbstverständlich nennen sie sich ganz seriös Börsenblatt, Börseninformation oder sonst wie. Für gutes Geld verbreiten sie an ihre zahlenden Bezieher ihre richtigen – und falschen – Informationen und Geheimtipps. „Kaufen Sie jetzt sofort den Spezialwert xy, denn der wird in den nächsten Tagen im Kurs um bis zu 10 Prozent steigen." Sehr gut. Der Spezialwert hat nur einen sehr kleinen engen Markt, wenn da nur einige wenige plötzlich auf die Idee kommen, diesen Wert zu kaufen, dann hat das für den Kurs erhebliche Auswirkungen, der Kurs steigt tatsächlich. Also war der Tipp richtig – nur Pech, der Kurs fällt auch sofort wieder und er fällt noch mehr, wenn all die, die mit diesem Geheimtipp ihren Gewinn machen wollten, nun enttäuscht wieder verkaufen, etwas zu spät.

Eine Frage an die Tippgeber: Wenn ihr so genau wisst, dass dieser Wert gleich einen Kurssprung machen wird, warum kauft ihr diesen Wert nicht selbst, macht alle drei Tage den Gewinn von 10 Prozent ohne Arbeit? Der Gewinn wäre immens: alle drei Tage 10 Prozent, das macht im Jahr hundert Mal 10 Prozent, oder das eingesetzte Vermögen erhöht sich auf das $(1{,}10\^{}100=)$ 13.780,61 fache! Reicht euch das nicht?

Ganz leise antworten die Geld- und Gewinnvermehrer: Ganz genau das tun wir ja. Wir kaufen heimlich ein paar dieser Werte vorher ein, dann kommt unter Geheimtipp, der Kurs steigt wegen dieser paar Dummen, und wir verkaufen unseren zuvor eingekauften Ramsch wieder.

Verstanden, wie die Sache geht?

Übrigens: Banken handeln auch mit solchen Spezialwerten – und Tipps geben sie auch.

Bausparkassen

Lehrziel
　　Das besondere Finanzierungssystem und seine Probleme.

Vorbereitende Aufgaben
　　Welche Bausparkasse gibt es in Deutschland?
　　Beschaffen der Gesetze
　　　　• BauSparkG, „Gesetz über Bausparkassen" vom 16.11.1972 ist die wesentliche wichtige Vorschrift.
　　　　• BausparkV, „Verordnung zum Schutz der Gläubiger von Bausparkassen (Bausparkassen-Verordnung – BausparkV" vom 19.12.1990 behandelt diese Spezialfrage.
　　　　• BauSparVertrAbwV „Durchführungs- und Ergänzungsverordnung über die vereinfachte Abwicklung von Bausparverträgen" vom 09.06.1933 dürfte heute, trotz Krise heute wie damals, keine praktische Bedeutung haben.
　　　　• BauSparVertrAbwV 2, „Zweite Durchführungs- und Ergänzungsverordnung über die vereinfachte Abwicklung von Bausparverträgen" vom 07.09.1934 dürfte heute ebenfalls keine praktische Bedeutung haben.
　　Beschaffen der Bausparbedingungen:
　　　　• Mehrere Tarife von
　　　　• Verschiedene Bausparkassen
　　Beschaffen der Sparförderbedingungen:
　　　　• Bausparförderung
　　　　• Allgemeine Sparförderung / Vermögensbildung
　　　　• Rister-Sparen

Hilfsmittel
　　Standard

Fähigkeiten
　　Grundlagen
　　Sparpläne
　　Darlehenslaufzeit Effektivzinsberechnung

Lehrstoff
Prinzip des Bauspargedankens
    Erst sparen
    Dann Darlehen

Sparzeit

Aufbau einer Staffelrechnung (Sparplan) für die Sparzeit alternativ
    Nach Tarifbedingungen
    Optimiert nach staatlichen Förderbedingungen
    Optimiert nach möglichst kurzer Zuteilungszeit
    Effektivzinsberechnung für die Sparzeit

Bausparvertrag, Sparzeit							
Datum	Wert Datum	Staatshilfe	Zinsen	Einzahlungen	Kosten, Gebühren	Kapital	Zuteilung, Wertziffer

Darlehenszeit

Aufbau einer Staffelrechnung (Tilgungsplan) für Darlehenszeit
    nach Tarifbedingungen
    Effektivzinsberechnung für die Darlehenszeit

Bausparvertrag, Darlehenszeit						
Datum	Wert	Einzahlung	Zinsen	Tilgung	Kosten, Gebühren	Kapital

Alternativen
    Alternative Sparformen (Sparverträge) und Darlehensformen (Annuitätendarlehen).

Wie verändert ein höherer Sparzins die Höhe des Darlehens; welche Darlehenszinsen wären mit dem gleichen Aufwand wie beim Bausparvertrag möglich?

Unter welchen Bedingungen ist ein Bausparvertrag sinnvoll, wann wirtschaftlich, wann schlecht?

Vertiefung; Literaturhinweise; Querverweise
Darlehen
Inflation
Grundstück
Immobilienfinanzierung
Sparvertrag

Nachlaufende Aufgaben
Keine

Textbeitrag (Bausparkassen)

Einleitung

Für Bausparkassen gibt es ein eigenes Gesetz, herunterzuladen von der Seite des Bundesjustizministeriums unten www.bmj.de → Service -> Bundesrecht im Internet → Gesetze im Internet → Gesetze/Verordnungen → B → {Abkürzung der gewünschten Vorschrift, hier also: BauSparkG oder BausparkV oder BauSparVertrAbwV oder BauSparVertrAbwV2}.

BauSparkG, „Gesetz über Bausparkassen" vom 16.11.1972 ist die wesentliche wichtige Vorschrift.

BausparkV, „Verordnung zum Schutz der Gläubiger von Bausparkassen (Bausparkassen-Verordnung – BausparkV" vom 19.12.1990 behandelt diese Spezialfrage.

BauSparVertrAbwV „Durchführungs- und Ergänzungsverordnung über die vereinfachte Abwicklung von Bausparverträgen" vom 09.06.1933 dürfte heute, trotz Krise heute wie damals, keine praktische Bedeutung haben.

BauSparVertrAbwV 2, „Zweite Durchführungs- und Ergänzungsverordnung über die vereinfachte Abwicklung von Bausparverträgen" vom 07.09.1934 dürfte heute ebenfalls keine praktische Bedeutung haben.

Das Wort „Bausparkasse" sowie der Wortstamm „bauspar" sind im Gesetz über Bausparkassen geschützt. Der Tätigkeitsbereich einer Bausparkasse ist in diesem Gesetz weitgehend festgelegt. Daher sind die Angebote aller in Deutschland arbeitenden Bausparkassen recht ähnlich, aber nicht gleich. Auch die Rechtsform ist vorgeschrieben: Aktiengesellschaft (AG) oder öffentlich-rechtlich.

Grundlage ist der „Bausparvertrag", der immer auf eine bestimmte Summe, die „Bausparsumme" lautet. Die Bausparsumme wird in den „Bausparbedingungen" der Bausparkasse meist auf volle tausend festgesetzt. Die Mindestbausparsumme ist heute oft 10.000.

Entsprechend der Konstruktion des Bausparens teilt sich die Bausparsumme immer in einen anzusparenden Teil und einen Darlehensteil, das „Bauspardarlehen", das die Bausparkasse vergibt. Der Darlehensteil ist immer die Differenz zwischen dem angesparten bei „Zuteilung" erreichten Guthaben und der Bausparsumme. Der Übergang von der Sparzeit zur Darlehenszeit wird durch die „Zuteilung" geregelt.

In diesem Text werden die wesentlichen Teile eines Bausparvertrages sowie die Modifikationsmöglichkeiten des Standardmodells dargestellt. Die Bausparbedingungen sind wegen der engen gesetzlichen Vorgaben in der Systematik bei allen Bausparkassen sehr ähnlich. Ich empfehle, sich von einer Bausparkasse diese Bedingungen zu beschaffen (herunterladen von deren Seite). In diesem Text werden viele Vorgaben dieser Bedingungen besprochen und zwar nicht so sehr formal juristisch, sondern bezogen auf ihre praktischen Wirkungen für den Bausparer.

Die Bausparkassen gliedern ihr Angebot in Tarife, die sich in den wichtigen Kennzahlen unterscheiden. Die Bausparbedingungen gelten dann gesondert nur für einen Tarif oder, vereinfacht zusammengezogen, für alle, dann aber sind sie an den relevanten Stellen entsprechend der Zahl der Tarife aufgesplittert. Dies vereinfacht zwar einerseits den Vergleich der Tarife, erschwert aber ihre Lesbarkeit.

Die klassische Baufinanzierung ist gegliedert in: 1. Rang: Bis 40 Prozent der Gesamtkosten; 2. Rang: die Folgenden bis 60 Prozent; der Rest sollte möglichst Eigenkapital sein. Die Bausparkassen gehen mit ihren Darlehen in den Bereich des 2. Rangs, allerdings, wenn die 1. Rangstelle frei ist, auch da hinein. Allerdings gehen typische Kreditgeber (Versicherungen) inzwischen auch in den Bereich der 2. Rangstufe. So wird die ganze Baufinanzierung immer mehr zu einer Abwägung der Kosten der unterschiedlichen Finanzierungsmöglichkeiten. Für die Praxis ist hier der Einsatz eines Tabellenkalkulationsprogramms sinnvoll. Auch dazu an anderer Stelle mehr.

<u>Sparzeit.</u>

Das Bausparen beginnt mit dem Abschluss des Bausparvertrages und der beginnt mit der zu zahlenden „Abschlussgebühr". Aus Zeiten des Geldmangels nach dem Krieg kennt man die zwei Bausparvertragstypen: Den „Vollfinanzierungsvertrag" bei dem die Bausparkasse nicht nur ein Darlehen für die zweite Rangstelle gibt, sondern zusätzlich auch das erststellige Darlehen beschafft, für diesen Vertragstyp war die Abschlussgebühr 1,6 Prozent der Bausparsumme. Daneben gab es immer den „Teilfinanzierungsvertrag", der allein heute üblich ist, bei ihm ist die Abschlussgebühr (meist) 1 Prozent der Bausparsumme. Diese Abschlussgebühr ist nach den Bausparbedingungen innerhalb der ersten vier Monate nach dem Abschluss des Bausparvertrages zu zahlen. Mit dieser Abschlussgebühr wird sofort das Bausparkonto belastet, so ist das Bausparkonto in den ersten Monaten im Minus.

Erhebt die Bausparkasse eine „Kontoführungsgebühr" - das ist in den Bausparbedingungen nachzulesen - dann wird diese Kontoführungsgebühr ebenfalls sofort dem Bausparkonto belastet. In der Höhe liegt diese jährliche Kontoführungsgebühr bei rund 10 Euro. In den Folgejahren wird die Kontoführungsgebühr jeweils am 01.01. dem Bausparkonto belastet.

Der Bausparer verpflichtet sich, den in den Bausparbedingungen des gewählten Tarifs festgesetzten monatlichen Sparbetrag, zum Beispiel 4,20 je tausend Bausparsumme, auf das Bausparkonto bei der Bausparkasse einzuzahlen. Man erkennt, dass die oben genannte Abschlussgebühr bei diesem Betrag wie gefordert in den ersten vier Monaten gezahlt wird. Der Bausparer darf jederzeit höhere Sparbeträge einzahlen, allerdings behält sich die Bausparkasse ausdrücklich das Recht vor, diese Zahlungen auch abzulehnen, das gilt praktisch aber nur für Großverträge, für die es dann aber ohnehin eigene besondere Vertragsbedingungen geben kann, denn Großverträge können das Bausparerkollektiv erheblich stören. Der monatlich zu zahlende Bausparbeitrag ist so bestimmt, dass der Bausparvertrag innerhalb einer bestimmten Zeit – ungefähr acht Jahren – das Mindestguthaben erreicht.

Das Bausparguthaben wird mit dem in den für diesen Tarif geltenden Bausparbedingungen festgesetzten Zinssatz verzinst. Der Zinssatz liegt heute (meist) bei einem Prozent. Dieser Zinssatz ändert sich während der Vertragslaufzeit nicht. Die Zinsen werden nachträglich jeweils am Jahresende zum 31.12. dem Bausparkonto gutgeschrieben. Inzwischen hat es sich weitgehend durchgesetzt, die eingehenden Sparzahlungen taggenau abzurechnen, hier geht es also um die „Wertstellung" der einzelnen Zahlungen (für die späteren Tilgungszahlungen gilt diese Taggenauigkeit nicht!). Die Pflicht zur Zahlung der monatlichen Sparzahlungen endet mit der (Annahme) der Zuteilung, spätestens jedoch, wenn das Guthaben die Bausparsumme fast erreicht hat, denn das Bausparguthaben darf niemals die Bausparsumme überschreiten – es muss also immer noch Raum für ein Bauspardarlehen bleiben, und wenn das auch nur 1 Cent ist. Der Bausparer kann, eventuell nur mit Zustimmung der Bausparkasse, das jeweils erforderliche Mindestguthaben gleich am Anfang in einem Betrag zahlen, dies hat Auswirkungen auf die Zuteilung. Zahlt der Bausparer nach Zahlung der Abschlussgebühr vertragswidrig keine weiteren Sparbeiträge, so passiert normalerweise auch nichts.

Bausparen wird staatlich gefördert. Ich habe gefunden: Wohnungsbauprämie; Arbeitnehmersparzulage; vermögenswirksame Leistungen. Die jeweils gültige Fassung dieser Vorschriften muss sich jeder selbst beschaffen, es lohnt nicht hier darüber zu referieren, denn derartige Vorschriften werden schnell geändert.

Über den Effektivzins während der Sparzeit schweigt sich die Bausparkasse aus. Wir werden diesen Wert berechnen.

Staatliche Förderung

Die Förderung hängt, entsprechend den Förderbedingungen zum Beispiel vom Familienstand des Bausparers ab. Die Höhe ist aber in jedem Fall in mehrfacher Weise begrenzt, etwa nach der im Kalenderjahr erbrachten Sparleistung des Bausparers zum andern aber auch absolut. Die Förderungen können kumuliert werden.

Der Bausparer, der Staatshilfen-Maximierung anstrebt, muss a) die Bausparsumme minimieren; b) die Einzahlungen auf das Ende des Kalenderjahres konzentrieren; c) den Bausparvertrag zum 01.12. abschließen.

Die erforderliche Mindestbausparsumme lässt sich recht einfach abschätzen, sie hängt ab von der durch die Förderung vorgeschriebenen Mindestlaufzeit des Vertrages, von dem Mindestsparbetrag zur Erlangung der Maximalförderung, vom Guthabenszinssatz. Ein Beispiel mit – angenommenen! - Werten:
  Mindestlaufzeit: 7 Jahre
  Mindestsparbetrag: 700 jährlich
  Erwartete Zinsen im betrachteten Kalenderjahr: 10
  Mindestens einzuzahlender Betrag: 690 (= 700 – 10)
  Förderungsbetrag: 100 jährlich
Aus diesen (Beispiel!)Zahlen ergibt sich, dass das Guthaben jährlich um rund (690 + 10 + 100 =) 800 wachsen wird. Das macht über 7 Jahre (7 * 800 =) 5.600. Mindestbausparsumme also 6.000!
Um die 7-Jahres-Laufzeit möglichst schnell zu erreichen, wird der Vertrag zum 01.12. abgeschlossen, denn das Abschlussjahr gilt für die Förderung als volles Jahr (selber prüfen!)

Darlehen

Nach der Annahme der Zuteilung muss sich der Bausparer entscheiden, ob er ein Darlehen haben möchte oder ob er darauf verzichtet, der Darlehensverzicht bedeutet dann praktisch das Ende des Bausparvertrages. Die Auszahlung des Guthabens erfolgt entsprechend den Weisungen des Bausparers und gegebenenfalls den Vorgaben der empfangenen staatlichen Förderung. Etwa noch auf dem Bausparkonto eingehende Zahlungen – staatliche Förderzahlungen werden oft erst im Folgejahr ausgezahlt – fließen durchgeleitet an den Bausparer weiter.

Für das Bauspardarlehen gelten wie für jedes andere Baudarlehen folgende Kennzahlen:
- Nennbetrag des Darlehens
- Nominaler Zinssatz (Darlehenszinssatz)
- Nominaler Tilgungssatz
- Annuität (= nominaler Zinssatz + nominaler Tilgungssatz)
- Zahlungsintervall
- Sonderzahlungen, Sondertilgungen (bei Bauspardarlehen jederzeit unbegrenzt möglich!)
- Tilgungsabschreibung
- Darlehensauszahlungsgebühr, Gebühr für Beleihungswertbestimmung
- Kontoführungsgebühr
- Risikolebensversicherung
- Kosten der dinglichen Sicherung (Grundbuchkosten)
  - Eintragungskosten:
    - Notar
    - Grundbuchamt
  - Löschungskosten
    - Notar
    - Grundbuchamt

Der Nennbetrag des Darlehens ergibt sich allgemein aus dem Darlehensvertrag. Beim Bausparvertrag ist das Bauspardarlehen immer die Differenz zwischen der Bausparsumme und der Höhe des bei Zuteilung erreichten Bausparguthabens, das Bauspardarlehen kann also auf jeden beliebigen krummen Wert lauten. Einige Bausparkassen bieten Tarife an, nach denen das Bauspardarlehen um einen in den Bausparbedingungen definierten Teil erhöht werden kann.

Der Nominal-Darlehenszinssatz ergibt sich allgemein aus dem Darlehensvertrag. Beim Bausparvertrag ist der Darlehenszinssatz bereits in den Bausparbedingungen für den gewählten Tarif festgelegt.

Der Nominal-Tilgungssatz ergibt sich allgemein aus dem Darlehensvertrag. Beim Bausparvertrag ist der Nominal-Tilgungssatz indirekt über die monatlich zu zahlende Sparrate (Annuität) bereits in den Bausparbedingungen für den gewählten Tarif festgelegt.

Die Annuität ist eine Größe aus der Finanzmathematik. Die Annuität ist definiert als die Summe des Nominal-Zinssatzes plus des Nominal-Tilgungssatzes. Sie ist dann in Prozenten ausgedrückt. Beispiel: Zinssatz 5 Prozent; Tilgung 7 Prozent; Annuität (5 + 7 =) 12 Prozent. Wird die Annuität, ausgedrückt mit einem Prozentsatz, mit dem Anfangsdarlehen multipliziert, wird die Annuität zu einem festen Geldbetrag. Beispiel: Annuität 12 Prozent; Darlehen 100.000; (0,12 * 100.000 =) 12.000 Annuität als fester Betrag.

Beim Zahlungsintervall geht es darum, in welchem Rhythmus der Darlehensnehmer seine Zahlungen leisten muss. Da wir unseren Zinssatz als Zinsen pro Jahr (Jahreszinssatz) angeben, ist es naheliegend, auch die Zahlung auf einmal jährlich festzulegen. Üblich sind aber unterjährige Zahlungstermine, also halbjährlich; quartalsweise; und bei Bausparkassen monatlich. Genaugenommen müssten dann auch die Zinssätze in Zinsen pro Halbjahr; pro Vierteljahr; pro Monat angegeben werden. Das wäre dann – als Umrechnung aus dem Jahreszinssatz der „konforme Zinssatz", der mathematisch genau die Wurzel aus dem Aufzinsungsfaktor ist (2. Wurzel bei Halbjahreszahlung; 4. Wurzel bei Quartalszahlung; 12. Wurzel bei Monatszahlung). Praktisch wird aber der nominale Jahreszinssatz lediglich halbiert, geviertelt, gezwölftelt. Dies führt zu etwas zu hohen Zinsen.

Der Bausparer hat das Recht, sein Bauspardarlehen jederzeit in beliebiger Höhe durch zusätzliche Einzahlungen zu tilgen. Dieses Recht, und ich betone RECHT, ist das eigentlich besondere an Bauspardarlehen gegenüber anderen (Bau-)Darlehen, denn bei denen muss ein solches Recht auf Sondertilgungen im Darlehensvertrag ausdrücklich ausgehandelt werden und wird dann nach Anzahl der Sondertilgungszahlungen je Jahr und überhaupt, sowie nach der Höhe nach oben und unten begrenzt, und muss darüber hinaus oft mit einem leichten Zinsaufschlag vergütet werden.

Bei der Tilgungsabschreibung geht es um die Wertstellung, also den Termin, zu dem gezahlte Tilgungen auch für die Zinsberechnung vom Restkapital abgeschrieben werden. Bei taggenauem Buchen und Wertstellung gibt es kein Problem. Die Wertstellung aber erfolgt praktisch zu genau festgelegten Terminen unabhängig von der tatsächlichen Zahlung, üblich ist der 01.01.; 01.04; 01.07.; 01.10. Das bedeutet, dass bei monatlicher Zahlungsweise, Tilgungszahlungen erst mit einer Verspätung zinsmindernd gebucht werden. Praktisch hebt das den Effektivzinssatz um ein bis zwei zehntel Prozent an.

Einige Bausparkassen erheben mindestens für einige Tarife noch immer eine „Darlehensauszahlungsgebühr" in Höhe von zwei Prozent des Darlehens. Diese Gebühr wird dem Darlehensbetrag als Schuld zugeschlagen und muss mit ihr verzinst und getilgt werden. Bausparer, die sich die für ihren Tarif geltenden Bausparbedingungen nicht genau ansehen, werden so über die Gebühr getäuscht. Die Gebühr erhöht die Darlehenskosten (Effektivverzinsung) erheblich, mindestens um einige zehntel Prozent.

Die Kontoführungsgebühr kennen wir bereits aus der Ansparphase. Kontoführungsgebühren sind bei normalen Baudarlehen nicht üblich.

Ob es sinnvoll ist, für die Absicherung eines Baudarlehens eine kurze Todesfallversicherung (Risikoversicherung) abzuschließen, hängt sehr vom Einzelfall ab. Die Bausparkassen bieten diese Versicherung an, machen sie teilweise (noch immer) zur Pflicht. Die Kosten (Versicherungsprämie) werden von der Restschuld am jeweiligen Jahresanfang (01.01.) berechnet. Die Versicherungsprämie wird auf die Restschuld aufgeschlagen, sie muss mit der Restschuld verzinst und getilgt werden. Die Versicherungsprämie ist abhängig vom jeweils aktuellen Alter des Bausparers. Die Versicherungsprämie ist mindestens dann, wenn Versicherungspflicht besteht, eindeutig Teil der Darlehenskosten, sie wird aber in den offiziellen Effektivzinsberechnungen nicht berücksichtigt.

Die Kosten für die dingliche Sicherung des Darlehens (Grundbucheintragung und später -löschung) sind durchaus erheblich. Sie sind vom Darlehensnehmer unabhängig von den Zahlungen für das Darlehen an den Kreditgeber, aufzubringen. Sie sind nicht in den offiziellen Effektivzinsberechnungen enthalten, sind aber eindeutig Kosten des Darlehens.

<u>Vor- und Zwischenfinanzierung</u>

Vorfinanzierung.

Bei der Vorfinanzierung geht es darum, dass das anzusparende Mindestguthaben am Anfang der Vertragszeit sofort eingezahlt wird, um dadurch über eine bessere Bewertungszahl die Zuteilung schneller zu erreichen. Die Vorfinanzierung entsteht nun dadurch, dass der Bausparer dieses sofort einzuzahlende Kapital nicht hat, sondern es sich von irgendwem leiht, „vorfinanziert". Wir haben also einen Kreditgeber, der dem Bausparer das eigentlich von ihm anzusparende Guthaben vorfinanziert. Dieser Kreditgeber kann eine beliebige Bank oder aber auch die Bausparkasse selbst sein. Der Bausparer stottert nun den Kredit des Kreditgebers mit seinen Sparzahlungen ab. Als Sicherheit für den Kredit wird das Bausparguthaben an den Kreditgeber verpfändet, diese Verpfändung unterliegt möglicherweise der Zustimmung der Sparkasse. Noch einmal ganz deutlich: Es gibt zwei getrennte Verträge: a) den Bausparvertrag mit der Bausparkasse; b) den Kreditgeber.

Der Bausparer muss abwägen: er muss den Kredit mit hohen Zinsen bedienen, bekommt aber gleichzeitig auf der anderen Seite auf sein Bausparguthaben geringere Zinsen. Die Differenz dieser Zinsen ist zunächst der Verlust des Bausparers. Dafür hofft der Bausparer mit der Zuteilung auf ein zinsgünstiges Darlehen der Bausparkasse. Ob diese Spekulation für den Bausparer günstig ausgeht, ist offen.

Für die Bausparkasse sind derartige Geschäfte sehr interessant, weil die Bausparkasse für Vorfinanzierungen hohe Marktzinsen nehmen kann. Das Geld dafür kann die Bausparkasse bedingt aus niedrig-verzinsten Bausparverträgen, deren zugeteiltes Guthaben und Darlehen noch nicht abgerufen ist, nehmen.

Der Bausparer sollte sich diese Geschäfte sehr sorgfältig überlegen. Ich rate grundsätzlich von der Vorfinanzierung eines Bausparvertrages ab.

Zwischenfinanzierung.

Die Zwischenfinanzierung überbrückt den Zeitraum zwischen Erreichen des Mindestguthabens und der Zuteilung. Auch bei diesen Zwischenfinanzierungen muss der Bausparer die hohen Zwischenkreditzinsen zahlen, während er gleichzeitig für das Guthaben nur die geringeren Bausparzinsen bekommt. Insoweit ist kein Unterschied zur Vorfinanzierung.

Wesentlicher Unterschied ist der Zeitraum der Zwischenfinanzierung, weil sie sich normaler Weise nur über wenige Monate erstreckt, um andere möglicherweise noch teurere Bauzwischenkredite abzulösen oder fällige Baurechnungen zu zahlen.

Der Zwischenkredit kann sich über die gesamte Bausparsumme erstrecken.

Auch hier tritt die Bausparkasse in Konkurrenz zu anderen Kreditgebern auf.

Die Sicherheit ist wieder das angesparte Bausparguthaben und für den Darlehensteil, der ja ebenfalls in den Zwischenkredit einbezogen werden kann, die vorgezogene Darlehenssicherung.

Sofern die Zuteilung absehbar ist und der zu überbrückende Zeitraum nicht zu groß, ist die Zwischenfinanzierung eine teure aber mögliche Lösung.

Auch bei der Zwischenfinanzierung muss der Bausparer sehr genau prüfen und abwägen.

Mein Rat: größte Vorsicht und keine zu langen Zeiträume. Und immer bedenken: der von der Bausparkasse mitgeteilte voraussichtliche Zuteilungstermin ist nicht verbindlich! Es kann auch länger werden!

Sicherung des Baudarlehens

Bezüglich der Sicherung unterscheidet sich ein Bauspardarlehen nicht von einem anderen Baudarlehen.

Im Grundbuch wird eine „Grundschuld" eingetragen. Hypotheken werden heute praktisch nicht mehr benutzt. Das Recht der Grundschuld („Merksatz: eine Grundschuld ist eine Schuld ohne Grund") ist in den Paragraphen 1191 folgende im BGB (Bürgerliches Gesetzbuch; herunterzuladen von www.bmj.de) geregelt.

Jede Grundbucheintragung muss über einen Notar beantragt werden (Gesetzesvorschrift).

Der Baudarlehensgeber füllt ein Formular für eine Grundschuldurkunde mit den wenigen variablen Daten (Bezeichnung des Pfandgrundstücks, Schuldner, Schuldsumme, Zinssatz, usw.) aus und gibt diese Blätter entweder dem künftigen Schuldner (Bausparer), was sehr leichtsinnig ist, oder schickt sie direkt an den ausgewählten Notar.

Der Notar liest den Text der Urkunde – üblich sind vier bis sechs eng bedruckte Seiten – vor (er muss dies vorlesen, Gesetzesvorschrift), was er mit einschläfernder Stimme rasend schnell zu tun pflegt. Dann hat der Schuldner zu unterschreiben (vom Gläubiger ist niemand anwesend, er hat auch nichts zu unterschreiben), bei mehreren Schuldnern (Ehepaaren, die gemeinsam Eigentümer des Grundstücks sind, immer beide), dann kommt noch Siegel und Unterschrift des Notars dazu. Fertig. Die Rechnung kommt sofort. Die Arbeit des Notars ist immer gleich, ob die beurkundete Summe auf tausend oder zehn Millionen lautet, nur seine Rechnung ist in der Höhe anders. Der Notar rechnet nach der Kostenordnung (KostenO) ab (herunterzuladen bei www.bmj.de). Der Notar schlägt auf die Gebühren noch die volle Mehrwertsteuer auf.

Das Grundbuchamt macht die Eintragung ins Grundbuch, schickt die Veränderungsmitteilung und die Rechnung, ebenfalls nach der Kostenordnung abgerechnet, diesmal aber ohne Mehrwertsteuer.

Wenn dann später das Darlehen vollständig getilgt ist, geht es um die Löschung der Grundbucheintragung. Der Darlehensgläubiger schickt dem ehemaligen Schuldner: a) die Schuldurkunde; b) die Löschungsbewilligung; c) wenn ausgestellt, den Grundschuldbrief.

Jetzt ist wieder der Notar gefragt. Im Wesentlichen schreibt er wieder eine Rechnung, nach der Kostenordnung berechnet und um die Mehrwertsteuer erhöht.

Das Grundbuchamt führt die Löschung durch, schickt die Veränderungsmitteilung und selbstverständlich eine Rechnung nach der Kostenordnung.

Es kann passieren, dass der Gläubiger für die Löschungsbewilligung verlangt, dass ihm Notargebühren erstattet werden. In diesem Fall lässt sich der Gläubiger jedes Mal von einem Notar bescheinigen, dass er berechtigt ist, die Löschungsbewilligung auszustellen. Hier geht es nur um eine Abzockerei, ein Spiel zwischen Gläubiger und seinem Notar, um diesem auf Kosten des Schuldners zu leicht verdienten Einnahmen zu verhelfen. Der Schuldner wird erpresst, denn ohne Zahlung bekommt er auch die Löschungsbewilligung nicht. Bei Darlehensaufnahme wird dem Schuldner diese Sonderbelastung vom Kreditgeber verschwiegen.

Die Kosten – es kann sich durchaus um vierstellige Beträge handeln - für die Eintragung und später die Löschung der Darlehenssicherung im Grundbuch sind selbstverständlich Kosten des Darlehens, die den Effektivzins der Schuldsumme anheben, werden aber in den offiziellen Effektivzinsangaben immer „vergessen", weil sie nicht ausdrücklich vorgeschrieben sind.

Vertragsänderungen

Alle Vertragsänderungen bedürfen der Zustimmung der Bausparkasse. In einigen Fällen darf diese Zustimmung als sicher gelten, in anderen ist die Bausparkasse unbedingt vorher ausdrücklich zu fragen.

Vertragsänderungen können grundsätzlich nur bis zur Zuteilung durchgeführt werden.

Mögliche Vertragsänderungen sind:
- Kündigung (Sonderfall, ohne Zustimmung der Bausparkasse)
- Herabsetzen der Bausparsumme
- Teilen eines Bausparvertrages
- Zusammenlegen mehrerer Bausparverträge
- Erhöhung der Bausparsumme
- Verkauf
- Tarifwechsel

Kündigung des Bausparvertrages.

Die Kündigung des Bausparvertrages durch den Bausparer ist eigentlich keine Vertragsänderung. Der Bausparer kann den Bausparvertrag jederzeit kündigen, einer Zustimmung der Bausparkasse bedarf es nicht. Etwa noch nicht gezahlte Kosten (Abschlussgebühr, Kontoführungsgebühr) müssen trotzdem gezahlt werden – es sei denn, die Bausparkasse verzichtet aus Kulanz darauf.

Die Kündigung bedeutet immer, dass der Bausparer auf ein Bauspardarlehen verzichtet. Bereits gezahlte Abschlussgebühren werden nicht erstattet, es sei denn, die Bausparkasse tut es ganz oder teilweise freiwillig. Gewährte staatliche Vergünstigungen werden zurückgefordert. Das angesparte Guthaben wird nach den Vorschriften im Gesetz und den Bausparbedingungen zurückgezahlt, praktisch also nach einer bestimmten Wartezeit, nach dem nächsten Zuteilungsstichtag und möglicherweise auch nur in Raten.

Alles zusammen ist die Kündigung eines Bausparvertrages für den Bausparer meist eher ungünstig. Eine mögliche Alternative ist die Herabsetzung der Bausparsumme.

Kündigungen von Bausparverträgen verkürzen die Wartezeit der anderen Bausparer im Bausparerkollektiv! Eigentlich sollte daher die Bausparkasse Guthaben aus gekündigten Bausparverträgen bevorzugt und sofort auszahlen, das wäre werbewirksam.

Herabsetzung der Bausparsumme.

Die Herabsetzung erfordert die Zustimmung der Bausparkasse. Die herabgesetzte Bausparsumme muss auf glatte tausend lauten und darf die Mindestbausparsumme nicht unterschreiten. Teile der Abschlussgebühr werden nicht erstattet. Die Bewertungswerte für die Zuteilung werden neu berechnet. Und darin liegt der eigentliche Sinn einer Herabsetzung der Bausparsumme: Man kann damit die Wartezeit bis zur Zuteilung deutlich abkürzen. Bei hinreichend langer zurückgelegter Sparzeit kann das dazu führen, dass der herabgesetzte Vertrag schneller zugeteilt und damit ausgezahlt wird, als es bei einer Kündigung der Fall wäre. Außerdem bleiben bei einer Herabsetzung der Bausparsumme alle gewährten staatlichen Vergünstigungen erhalten.

Teilung eines Bausparvertrages.

Die Teilung erfordert die Zustimmung der Bausparkasse. Der Bausparer kann (manchmal) bestimmen, in welchem Verhältnis das angesparte Bauspargutguthaben aufgeteilt werden soll. Durch eine schiefe Verteilung kann bei geschickter Wahl der Bausparsummen der eine Teil schneller zur Zuteilung gebracht werden. Darin liegt der eigentliche Sinn der Teilung eines Bausparvertrages. Die Bewertungszahl für die Zuteilung wird für die einzelnen Teile neu berechnet.

Zusammenlegung von Bausparverträgen.

Die Zusammenlegung erfordert die Zustimmung der Bausparkasse. Die neue Bausparsumme ist die Summe der bisherigen Einzelverträge. Die Ersparnis liegt in der jährlichen Kontoführungsgebühr. Die Bewertungszahl für die Zuteilung wird neu berechnet.

Erhöhung der Bausparsumme.

Die Erhöhung der Bausparsumme erfordert die Zustimmung der Bausparkasse. Für die Erhöhungsdifferenz muss die Abschlussgebühr gezahlt werden. Die Bewertungszahl für die Zuteilung wird neu berechnet.

Verkauf eines Bausparvertrages.

Der Verkauf erfordert die Zustimmung der Bausparkasse. Der Verkauf eines Bausparvertrages ist der Wechsel in der Person des Bausparers. Ein Wechsel innerhalb der Familie – insbesondere in absteigender Linie – wird im Allgemeinen genehmigt. Ein Verkauf an Fremde wird von der Bausparkasse nicht gern gesehen, denn der Verkäufer will ja offensichtlich kein Darlehen haben, wohl aber der Käufer. Diese andere – vermutete – Absicht ist für das Bausparkollektiv ungünstig, weil es die Wartezeiten verlängert.

Tarifwechsel.

Ein Tarifwechsel bedarf der Zustimmung der Bausparkasse. Die Bausparbedingungen geben aber vor, ob ein Tarifwechsel überhaupt möglich ist, und wenn von welchem Tarif in welchen Tarif. Mit dem Tarifwechsel ändern sich die anderen wichtigen Kenndaten des Bausparvertrages, also insbesondere: Sparzinssatz, Darlehenszinssatz, Mindestsparguthaben, Bewertungszahl für die Zuteilung.

<u>Zuteilung</u>

Die Zuteilung ist die einzige Möglichkeit des Bausparers zu einem Bauspardarlehen zu kommen. Voraussetzung für die Zuteilung ist:
- Die Mindestsparzeit muss abgelaufen sein (praktisch bedeutungslos, da die Mindestsparzeit oft auf nur zwölf Monate festgesetzt ist).
- Das Mindestsparguthaben muss erreicht sein. Bei den meisten Tarifen sind dies vierzig oder fünfzig Prozent der Bausparsumme. (Es gibt einige Bausparkassen mit einigen Tarifen mit anderen, geringeren Werten.)
- Die Zuteilungszahl, Bewertungszahl oder wie immer das Ding genannt wird, muss erreicht sein.

Das Zuteilungsverfahren ist recht einfach. Die Bausparkasse prüft die Voraussetzungen und ermittelt die Bewertungszahl. Dies geschieht jeweils am Bewertungsstichtag. Dann teilt die Bausparkasse dem Bausparer die in Kürze kommende oder die erfolgte Zuteilung mit. Der Bausparer kann die Zuteilung annehmen oder ablehnen. Lehnt er sie ab, wird der Bausparvertrag fortgesetzt und ziemlich sicher beim nächsten Zuteilungsstichtag erneut zugeteilt. Bei Annahme der Zuteilung stellt die Bausparkasse meist drei Monate nach dem Zuteilungsstichtag die gesamte Bausparsumme zur Verfügung.

Es bleibt also die Frage, wie die Bausparkasse die Bewertungszahl bestimmt. Dies steht, mehr oder minder verständlich, in den Bausparbedingungen. Praktisch geht es immer um eine Formel, in der die Sparleistung des Bausparers in der Form „Zeit mal Geld" ausgedrückt und ins Verhältnis zur Bausparsumme gesetzt wird.

Die einfachste Formel wären die Zinsen (denn die sind exakt Zeit mal Geld) dividiert durch ein Tausendstel der Bausparsumme. Da nun aber viele Bausparkassen mehrere

Tarife mit recht unterschiedlichen Spar-Zinssätzen haben, müssen noch irgendwelche Korrekturfaktoren dazu kommen – oder sie machen die ganze Rechnung völlig anders. Wie immer auch die Bausparkasse rechnet, heraus kommt eine einfache Zahl, eben die Bewertungszahl. Nun muss die Bausparkasse noch feststellen, wie viel Geld sie gerade zu verteilen hat. Dieses Geld verteilt sie – nur symbolhaft, theoretisch – an alle Bausparer mit zuteilungsreifen Verträgen, beginnend mit der höchsten Bewertungszahl und von da herunter so lange das Geld reicht. So wird die „Zielbewertungszahl" bestimmt. Die Zielbewertungszahl ist die Bewertungszahl, die diesmal gerade noch zur Zuteilung reicht.

Bewertung

Welche Bausparkasse soll ich auswählen?
Welchen Tarif soll ich abschließen?
Welche Strategie (wenn das überhaupt geht) soll ich fahren?
Diese und ähnliche Fragen lassen sich so nicht beantworten. Die eigentliche Frage lautet: Was willst du mit dem Bausparen? Und welche Alternativen gibt es?

Das Bausparen ist erfunden für den „kleinen Mann", der seine Einfamilienhütte bauen will. So etwas kostet zwischen 100.000 und 500.000 – jedenfalls solange man nicht seinen Palast auf den Münchner Hauptbahnhof stellen will. Damit ist dann aber auch die normale Höhe einer Bausparsumme definiert: maximal 500.000, im Mittel also mehr bei 100.000 – und oft auch darunter.

In meiner Gemeinde werden erschlossene Baugrundstücke für rund 35.000 angeboten – und keiner will sie haben. Zählt man die Erwerbskosten dazu, kostet das Grundstück rund 40.000. Finanziert man das mit einem Bausparvertrag dann wären das 20.000 angespartes Eigenkapital und 20.000 Bauspardarlehen (Bausparkassen finanzieren tatsächlich unbebaute Grundstücke, nur Bauplätze müssen es sein; keine nassen Wiesen im Naturschutzgebiet).

Die Alternative zu 20.000 Bauspardarlehen wäre ein normaler Kredit der Hausbank, Ratenkredit, Personalkredit, Kleinkredit (kein Überziehungskredit!), wie immer die Bank das nennen mag. Die Kreditwürdigkeit ist weitgehend sicher, immerhin ist ja der Kreditnehmer (durch den Kauf) Grundstückseigentümer und hat doch zur Hälfte Eigenkapital mitgebracht.

Es wäre also einfach zu rechnen, was ist billiger: Bausparvertrag mit Wartezeit, hohen Gebühren und schlechten Sparzinsen und dann einem billigeren Darlehen oder sofort ein (höher verzinsliches) Darlehen der Bank? Unser Rechenblatt könnte helfen, die Frage zu beantworten. Ich tendiere dazu, der Bausparvertrag lohnt hier nicht. Ganz entsprechend liegen die Dinge, bei größeren Instandsetzungen, etwa: neues Dach, neue

Fenster, Außenisolation, neue Heizung. Alles das bewegt sich im Bereich von 10.000 bis 20.000.

Anderer Fall. Gesamtkosten (Grundstück plus Bau) 300.000. Bausparfinanzierung: 150.000 Eigenkapital, 150.000 Bauspardarlehen. Alternative: 60.000 bis 90.000 Eigenkapital und 210.000 bis 240.000 von der Bank oder Versicherung. Wenn mehr Eigenkapital vorhanden ist, um so besser. Hier wäre ein normales Tilgungsdarlehen einem Bausparvertrag gegenüberzustellen – unser Rechenblatt gibt Hilfestellung. Ich bin auch in diesem Fall nicht von der Bausparlösung überzeugt.

Bleibt eine Mischfinanzierung. Bank-/Versicherungsdarlehen an erster Rangstelle in Höhe von vierzig Prozent der Gesamtkosten, also (0,40 * 300.000 =) 120.000. Bausparvertrag: 180.000, aufgeteilt auf 90.000 Eigenkapital und 90.000 Bauspardarlehen. Das mag diskutabel sein – wenn es mit der Wartezeit passt. Aber auch hier: Erst rechnen!

Wir haben bereits früher gesehen, dass ein Bausparvertrag ohne Bauspardarlehen mit ziemlicher Sicherheit immer die falsche Entscheidung ist. Der Weg zum Darlehen geht aber über die Zuteilung. Also läuft alles darauf hinaus, wie schnell geht es zur Zuteilung?

Die Bausparkasse kann nur zuteilen, wenn sie Geld hat, und sie hat nur Geld, wenn sie Neuzugang hat. Das ist genau das Gleiche, wie bei dem berüchtigten Schneeballsystem, nur beim Schneeballsystem verlieren die letzten Spieler ihre Einsätze zwingend immer und beim Bausparen warten sie ewig und bekommen kein Darlehen (ihren Einsatz = Spareinlagen behalten sie). Dieser einfache Zusammenhang: Ohne – ständig steigenden – Neuzugang keine erträglichen Wartezeiten, dies ist das eigentliche Problem des Systems Bausparen - und das Risiko des Bausparers.

In einer Zeit wie heute mit niedrigen Zinsen und reichlich Geld hat das Bausparen eigentlich keinen Raum. In Zeiten der Geldknappheit und hoher Zinsen hingegen ist Bausparen gut. Nun müsste man wissen, was in vier oder sechs oder acht Jahren sein wird. Das weiß keiner. Aber da alle Staaten, Deutschland eingeschlossen, sich erheblich verschuldet haben, und darum daran interessiert sind, dass die Zinsen niedrig bleiben und viel Geld verfügbar ist, wird es auch in den nächsten Jahren viel Geld bei niedrigen Zinsen geben. Gegenargument: Wenn die Inflation kommt, steigen auch die Darlehenszinsen. - Mach was draus. Ich meine, wir werden in den nächsten Jahren noch reichlich Geld am Markt und darum auch geringe Zinsen haben – schlechte Zeiten für Bausparen.

Das System Bausparen krankt an seinen Gebühren:
- Die Abschlussgebühr muss ersatzlos weg.
- Die Kontoführungsgebühr muss ersatzlos weg.
- Die Darlehensauszahlungsgebühr muss ersatzlos weg.

- Die Pflicht zum Abschluss einer Lebensversicherung muss weg; das freiwillige Angebot an sich ist hingegen richtig.
- Alle Zahlungen, sowohl in der Sparphase wie in der Darlehensphase, müssen taggenau abgerechnet werden.

Wenn diese Mängel beseitigt sind, wollen wir uns das System Bausparen erneut und wohlwollend ansehen – aber bis dahin: Finger weg vom Bausparen.

Und jetzt noch eine schöne Erinnerung.

Es war so um das Jahr 1958. Im November wird ein Bausparvertrag über 6.000 DM abgeschlossen, Ende Dezember werden darauf 1.600 DM eingezahlt. Ein halbes Jahr später wird die darauf entfallende Bausparprämie – damals 25 Prozent, maximal 400 DM – mit eben diesem Maximalwert gutgeschrieben. Im folgenden Dezember werden abermals 1.600 DM eingezahlt und im März des Folgejahres noch einmal 1.600 DM. Ende April hatte dieser Bausparvertrag die damals gültige Mindestwartezeit von 18 Monaten erreicht. Das erforderliche Mindestguthaben von 40 Prozent war ja bei diesen Einzahlungen (3 * 1.600 =) 4.800 ebenfalls erreicht. Und, glückliche Verhältnisse, auch die erforderliche Bewertungszahl für die Zuteilung war erreicht. Zuteilung also nach ca. 20 Monaten Vertragslaufzeit. Einzahlungen: 3 * 1.600 = 4.800 DM darauf 3 * 400 = 1.200 DM Prämie (die letzte Prämie wird im folgenden Jahr ausgezahlt); Kosten: 60 DM Abschlussgebühr. Die Zuteilung wird angenommen, auf das Darlehen wird verzichtet und mit diesem Betrag ein baureifes, erschlossenes Grundstück von rund tausend Quadratmetern (ca. 7 DM pro Quadratmeter) im Randgebiet des damaligen West-Berlin gekauft. - So macht Bausparen Spaß, so bringt Bausparen einen Gewinn – früher war eben doch alles besser!

Glossar

Bausparvertrag: Der Bausparvertrag ist eine spezielle Vertragsform mit einem Spar- und einen folgenden Darlehensanteil, der nur von bestimmten Banken („Bausparkassen") betrieben werden darf. Die Zeichenfolge „Bauspar" ist gesetzlich geschützt. Der Bausparvertrag ist ein Vertrag zwischen den beiden Partnern: Bausparkasse und Bausparer. Der Bausparvertrag gliedert sich in zeitlicher Folge in die Sparzeit und die Tilgungszeit (Darlenszeit) des von der Bausparkasse gegebenen Bauspardarlehens.

Bausparsumme: Die Bausparsumme ist der Betrag, über den der Bausparvertrag abgeschlossen wird. Die Bausparsumme ist die Summe aus den beiden Vertragsteilen: angesammeltes Sparguthaben während der Sparzeit und dem als Differenz zur Bausparsumme gegebenen Bauspardarlehen.

Sparzeit: Die Zeit, in der der Bausparvertrag bespart wird. Die Sparzeit beginnt mit dem Vertragsabschluss und endet entweder mit der Auflösung des Vertrages oder -Regelfall – der Zuteilung. Vertraglich geregelt ist (entsprechend den gesetzlichen Vorgaben) eine Mindestsparzeit.

Mindestsparzeit: Die Zeit, die mindestens vom Beginn des Bausparvertrages an vergehen muss, damit der Vertrag zugeteilt werden kann. Diese Zeit ist in den Bausparbedingungen geregelt. Sie liegt heute um ein Jahr. Die Mindestsparzeit hat keine praktische Bedeutung. Sie kann überhaupt nur wirksam werden, wenn ein Bauspartarif neu aufgelegt wird und zwar auch nur für die ersten Bausparverträge (an die ein Normalbausparer aber praktisch nicht heran kommen wird).

Mindestsparguthaben: Das in den Bausparbedingungen (für diesen Tarif) festgelegte Guthaben - gemessen als Anteil der Bausparsumme - das mindestens erreicht werden muss, damit der Vertrag zugeteilt werden kann. Das Mindestguthaben liegt üblicherweise, je nach Tarif, bei 40 oder 50 Prozent der Bausparsumme.

Zuteilung: Sind die gesetzlichen/vertraglichen Voraussetzungen (Mindestsparzeit, Mindestguthaben, ausreichende Bewertung) erreicht, dann bietet die Sparkasse dem Bausparer die Zuteilung seines Vertrages an. Der Bausparer kann dieses Angebot annehmen oder ablehnen. Nimmt der Bausparer die Zuteilung an, dann darf er das Bausparguthaben abrufen und das angebotene Bausparlehen annehmen oder ablehnen. Mit der Annahme des Bauspardarlehens geht der Vertrag in die Darlehenszeit über.

Bewertung: Die Bewertung ist rechnerisch ein Produkt aus Zeit und der Sparleistung bezogen auf die Bausparsumme. Sie sorgt für eine gerechte Zuteilungsreihenfolge der Bausparverträge. Die Zuteilung sorgt für einen Ausgleich zwischen den (angenommen unbegrenzten) Darlehenswünschen der Bausparer und den finanziellen Möglichkeiten der Bausparkasse. Der Bausparer kann durch geschickte Wahl der Bausparsumme und der Besparung die Bewertung in Grenzen beeinflussen.

Darlehenszeit, Tilgungszeit: Dies ist die Zeit, in der das von der Bausparkasse gegebene Bauspardarlehen vom Bausparer zurückgezahlt (getilgt) wird.

Versicherungen

Lehrziel

Vorbereitende Aufgaben
- Beschaffen der Versicherungsbedingungen zur Privathaftpflichtversicherung.
- Beschaffen von Tarifen der Privathaftpflichtversicherung; abfragen und vergleichen.
- Kfz-Haftpflichtversicherung; Preise abfragen, vergleichen; Schadensfreiheitsrabatt feststellen und vergleichen.

Hilfsmittel
Standard

Fähigkeiten

Lehrstoff

Die private Versicherungswirtschaft gliedert sich in die drei Sparten:
- Sachversicherung
- Krankenversicherung
- Lebensversicherung

Diese drei Sparten müssen gesetzlich vorgeschrieben in organisatorisch eigenen Unternehmen geführt werden; der Versicherungskonzern besteht dann aus den drei getrennten Bereichen.

Sachversicherung
- Die für uns wichtigste Sachversicherung ist die Privat-Haftpflichtversicherung, die jeder haben sollte, denn Haftpflichtschäden können sehr hoch sein, und damit das gesamte Leben ruinieren. Die Haftpflichtsumme sollte so hoch wie möglich sein (unbegrenzt!). Die Jahresprämie ist relativ gering. Abschluss auf 1 Jahr (mit automatischer Verlängerung). Unbedingt mehrere An-

gebote einholen. Hinweis: Die Mitversicherung von Angehörigen (und Haushaltsangehörigen [Dienstmagd!] prüfen!
- Die Kfz-Haftpflichtversicherung ist gesetzliche Pflicht. Die Wahl des Versicherers ist jedoch frei. Abschluss auf 1 Jahr (mit automatischer Verlängerung). Unbedingt mehrere Angebote einholen.
- Die Unfallversicherung gehört als selbstständige Versicherung zu der Sparte Sachversicherung, obwohl sie eindeutig eine Personenversicherung ist. (Siehe auch: Unfall-Zusatzversicherung als Erweiterung einer Lebensversicherung.)

Krankenversicherung
- Vollversicherung
- Teilversicherung (weil teilweise anderweitig abgesichert: z.B. Beihilfe)
- Besondere Risikobereiche, z.B. Zahn, Reise

Lebensversicherung
- Rentenversicherung
- Kapitallebensversicherung
- Kapitalansammlung
- Risikoversicherung

Vertiefung; Literaturhinweise; Querverweise
- Gesetzliche Versicherungen
- Umlagefinanzierung
- Inflation
- Steuern
- Kapitalanlagen bei Zinssatz 0

Nachlaufende Aufgaben
- Eigene Versicherungen prüfen

Textbeitrag (Versicherungen)

Lebensversicherung

<u>Einleitung</u>

In Deutschland gliedert sich die Versicherungswirtschaft in die drei Sparten: Sachversicherung, Kranken- und Pflegeversicherung, Lebensversicherung. Lediglich die Unfallversicherung ist, wenn auch mit unterschiedlichen Leistungen, in allen drei Sparten anzutreffen. In diesem Text soll es um die wichtigsten Typen der Lebensversicherung gehen, diese sind: die kurze Todesfallversicherung (Risikoversicherung), die gemischte Versicherung (Versicherung auf den Todes- und Erlebensfall) und die Rentenversicherung. Außerdem wird etwas Hintergrundwissen zum Thema Lebensversicherung gegeben, um so die Möglichkeit zu schaffen, die Aussagen der Versicherer – und ihrer Vertreter! - besser zu verstehen und besser bewerten zu können.

Bei Lebensversicherungen geht es stets um relativ große Geldbeträge, „groß" sage ich, weil es stets um einige Tausend bis weit über hunderttausend oder gar Millionen geht. „Geldbeträge" sage ich, denn alle Versicherungen sind „Nominalwerte". Bei allen Versicherungsverträgen geht es um lange bis sehr lange Laufzeiten, dies mögen ein paar Jahre sein, meist sind es einige Jahrzehnte und im Extremfall kann es auch einmal hundert Jahre sein.

Alle Nominalwerte unterliegen der Inflation, der Geldentwertung. Wir werden uns also notgedrungen mit der Inflation und ihren Auswirkungen beschäftigen müssen, denn je länger die Laufzeit um so vernichtender die Wirkungen der geheimen Arbeit der Inflation.

Und dann geht es noch um die liebe Steuer, denn manches schöne Geschäft sieht „nach Steuern" ziemlich zerrupft aus. Steuergesetze werden laufend geändert, wer will sagen, was in zehn oder fünfzig Jahren im Bereich der Versicherung wie und in welcher Höhe besteuert wird?

Bei Versicherungen werden erhebliche Kapitalbeträge angehäuft, das reizt die Begehrlichkeit. Es drohen Diebe, Räuber und vor allem der Staat mit Beschlagnahme, Enteignung und Umgliederungen. Die derzeitigen Diskussionen um die Eingliederung der privaten Pflegeversicherung in die gesetzliche Pflegeversicherung sind so ein Beispiel, denn die privaten Pflegeversicherungsgesellschaften haben viele Milliarden Rücklagen aus Beiträgen ihrer Versicherten angesammelt, dieses Vermögen möchten manche Politiker gern auf die gesetzliche Pflegeversicherung verteilen. Ich nenne so etwas Enteignung und Raub.

Versicherungsgesellschaften gelten als Kapitalsammelstellen, sie werden vom Staat gezwungen, Staatsanleihen zu kaufen. Das Problem ist nur, dass Staatsanleihen, egal von welchem Staat ausgegeben, im Grunde wertlos sind, denn der Staat hat das Geld schon längst für Konsumausgaben verschleudert, Staatsanleihen stehen praktisch keine echten Werte gegenüber.

Rentenversicherung

Der Begriff „Rente" ist nicht eindeutig, seine Bedeutung variiert je nach dem Zusammenhang, in dem er gebraucht wird. Wir wollen hier zunächst unter „Rente" einen ab einem bestimmten Lebensalter, lebenslänglich, in bestimmten Zeitintervallen (Monat, Vierteljahr, Halbjahr, Jahr), vorschüssig gezahlten Betrag verstehen, den der Versicherer an den Rentenempfänger zahlt. „Vorschüssig" bedeutet, dass die Zahlung jeweils am Anfang des jeweiligen Zeitintervalls, zum Beispiel am 1. des Monats, erfolgt. Übrigens werden in der privaten Lebensversicherung alle Leistungen und Gegenleistungen vorschüssig gerechnet.

Bei der Rentenversicherung verspricht der Versicherer, eine bestimmte Rente zu zahlen. Der Versicherungsnehmer zahlt dafür dem Versicherer am Anfang der Versicherungszeit einen bestimmten Geldbetrag (= Rentenversicherung gegen Einmalbeitrag) oder er spart das erforderliche Kapital über den vereinbarten Zeitraum an (= Rentenversicherung gegen laufende Beitragszahlung).

Bezogen auf den Abschlusstermin des Rentenversicherungsvertrages kann die Rentenzahlung bei Einmalbeitragszahlung sofort beginnen oder – bei laufender Beitragszahlung immer – aufgeschoben sein, also zu einem späteren Zeitpunkt einsetzen. Die laufende Beitragszahlung kann über den gesamten Zeitraum vom Abschlusstermin des Rentenversicherungsvertrages bis zum Renteneintrittstermin laufen oder nur über einen kürzeren Teil dieses Zeitraums. Die Beitragszahlung endet immer mit dem Beginn der Rentenzahlung.

Normal ist, dass der Versicherungsnehmer auch zugleich die versicherte Person sowie der Rentenbezugsberechtigte ist. Theoretisch ist diese Drei-Einigkeit nicht erforderlich. Wir betrachten hier jedoch nur den Normalfall.

Bei einer typischen Rentenversicherung enden alle Zahlungen mit dem Tod: keine weitere Beitragszahlung, keine (weitere) Rentenzahlung. Jeder behält, was er bisher bekommen hat. Das heißt, die eingezahlten Beiträge sind „verloren", sie bleiben beim Versicherer, sie werden an die fiktive Versichertengemeinschaft vererbt. So ist es bei der gesetzlichen Rente und niemand erregt sich deshalb. Bei der privaten Rentenversicherung fühlt sich der Versicherungsnehmer jedoch um die eingezahlten Beiträge „betrogen", wenn keine Rentenzahlung erfolgt.

Die Rentenversicherer bieten daher einerseits für den Fall, dass der Versicherte gleich am Anfang der Rentenbezugszeit stirbt, an, dass die Rente in jedem Fall für einen Mindestzeitraum von zum Beispiel fünf Jahren gezahlt wird. Dieses „Geschenk" ist jedoch nicht umsonst, vielmehr wird diese Sonderleistung vom Versicherer in die Prämienkalkulation eingerechnet, der Tarifbeitrag ist etwas erhöht. So ist der Versicherungsnehmer zufrieden, von der Täuschung merkt er nichts, er zahlt sie in seinen Beiträgen mit, ohne dass dieser Anteil offen ausgewiesen wird.

Der andere Fall ist der Tod des Versicherten während der Beitragszahlungsdauer. Hier bietet der Versicherer an, die bisher gezahlten Beiträge zurückzuzahlen. Der Versicherer kalkuliert in die Tarifprämie die Kosten einer parallel mit den Beiträgen steigenden kurzen Todesfallversicherung ein, auch hier ist das Ergebnis eine kleine Erhöhung der Tarifprämie – und wieder ist der Versicherungsnehmer zufrieden, weil er die Täuschung nicht merkt.

Üblich ist es, dass der Versicherer beide „Geschenke" in seine Prämie einkalkuliert.

Das bei einer Rentenversicherung anzusparende Kapital ist erheblich. Zur Abschätzung der Größenordnung mag diese Faustformel gelten: Monatsrente * 12 * 20; dabei kommt die „12" aus den zwölf Monaten des Jahres, um die Monatsrente in eine Jahresrente umzurechnen und die „20" ist eine Näherung für den „Rentenbarwert" einer ab dem 65. Lebensjahr zahlbaren lebenslangen Rente. 1000 Euro Monatsrente erfordern also rund 1000*12*20= 240.000 Euro Kapital.

Spätestens jetzt meldet sich das Finanzamt und möchte seinen Teil bekommen und die Inflation nagt während der ganzen Zeit heimlich, heimtückisch am Wert der Rente.

Die Fondsabsicherung wird an anderer Stelle behandelt.

Gemischte (Todes- oder Erlebensfall-) Versicherung

Die gemischte Versicherung gehört zu den Todesfallversicherungen: der Versicherer muss zahlen, wenn der Tod des Versicherten eintritt. Daher verlangen die Versicherungen bei Abschluss der gemischten Versicherung einen Gesundheitsnachweis (Selbstauskunft, ärztliche Untersuchung). Da bei hohen Summen der Versicherer sich gern drückt (Behauptung: falsche, unvollständige Auskunft bei Versicherungsabschluss) ist es immer besser, die ärztliche Untersuchung zu wählen und zwar bei dem Arzt, den der Versicherer vorschlägt.

Die gemischte Versicherung, die Versicherung auf den Todes- oder Erlebensfall, war in Deutschland einst sehr beliebt, insbesondere bei den Versicherern und vor allem bei deren Vertretern. Bei dieser Versicherung zahlt die Versicherung immer, egal ob die versicherte Person den Ablauftermin erlebt oder nicht. Was allerdings der Versicherungsnehmer mit dieser Versicherung anfangen kann, ist zumindest fragwürdig. Früher gab es für diese Versicherung ein steuerliches Argument, denn die Erträge einer Versicherung waren hoch und steuerfrei.

Bei dieser Versicherung gilt das vier-Personen-Spiel: Es gibt immer einen Versicherer, einen Versicherungsnehmer, eine versicherte Person (meist der Versicherungsnehmer), und einen Bezugsberechtigten (für den Erlebensfall der Versicherungsnehmer selbst, für den Todesfall zwingend ein anderer).

Diese Versicherung wird angeboten gegen Einmalbeitrag oder laufende Beitragszahlung. Theoretisch kann die Beitragszahlung über die gesamte Versicherungslaufzeit laufen, dies ist der Normalfall, oder, der Beitragszahlungszeitraum ist abgekürzt, also kürzer als die Versicherungslaufzeit, im Extremfall ergibt dies die Einmalzahlung.

Die Laufzeiten sind grundsätzlich beliebig wählbar. Allerdings wird die Laufzeit meist den steuerlichen Vorschriften angepasst.

Wer eine gemischte Versicherung abschließt, sollte zuvor noch einmal überlegen, weshalb er überhaupt eine Versicherung haben will. Viele Ziele lassen sich mit anderen Versicherungs- und Sparformen gezielter und billiger erreichen.

Die gemischte Versicherung kann mit einem Wahlrecht bei Ablauf ausgestattet sein, dann kann der Versicherungsnehmer bei Ablauf wählen, ob er die Kapitalauszahlung oder die Verrentung bevorzugt. Bei der Verrentung wird das angesparte Kapital einschließlich aller Gewinnanteile als Einzahlung eines Einmalbeitrags für eine Rentenversicherung benutzt. Diese Variante hat für den Versicherer Kostenvorteile (keine erneuten Abschlusskosten), die er an den Versicherten weiter gibt. Allerdings stehen hier oft Steuervorschriften im Wege, der Staat schreibt eben vor, wie seine Bürger glücklich zu werden haben.

Todesfallversicherung

Die Todesfallversicherung zahlt nur, wenn die versicherte Person tot ist. Und das ist der erste wichtige Punkt. Die versicherte Person muss tot sein, es gibt kein Geld bei Arbeitslosigkeit, kein Geld bei Krankheit, kein Geld bei Berufs- oder Erwerbsunfähigkeit, kein Geld bei im Comaliegen, kein Geld bei Verschollenheit. Noch einmal: Die Todesfallversicherung zahlt nur bei Tod.

Bei der Todesfallversicherung sind die beiden Varianten zu unterscheiden: lebenslange Todesfallversicherung („Sterbegeldversicherung") und die kurze Todesfallversicherung („Risikoversicherung").

Die Beitragszahlung kann sein:
- Einmalbeitrag am Anfang der Versicherung;

- Laufende Beitragszahlung über die gesamte Laufzeit der Versicherung;
- Laufende Beitragszahlung über einen kürzeren Zeitraum.

Da die lebenslange Todesfallversicherung todsicher die Versicherungsleistung auszahlt, hat ihre Prämie praktisch eine Spareigenschaft und in dieser Form kann man ein Angebot in der Primitivform prüfen: Ist die Summe der Prämien gleich oder höher als die Versicherungsleistung, so sollte man die Finger von diesem Angebot lassen, denn es liegt nahe, dass es andere billigere Arten gibt, das Sterbegeld bereitzulegen. Sterbegeldversicherungen sind auch wegen der geringen Versicherungssummen zwingend überteuert und damit nicht zu empfehlen.

Wer einen guten Grund für eine lebenslange Todesfallversicherung hat, mag so eine Versicherung abschließen – aber er sollte diese Idee gründlich überlegen und abwägen.

Risikoversicherung (kurze Todesfallversicherung)

Die Ausdrücke „Risikoversicherung" und „kurze Todesfallversicherung" werden synonym verwendet.

Die kurze Todesfallversicherung ist sehr interessant und vielseitig einsetzbar. Sie ist neben der echten Rentenversicherung die wichtigste Versicherungsform.

Die kurze Todesfallversicherung (Risikoversicherung) wird auf einen durch den Kalender bestimmten Zeitraum abgeschlossen. Die Versicherungsleistung ist nur fällig, wenn der Tod der versicherten Person innerhalb des durch den Kalender bestimmten Zeitraumes, der Laufzeit der Versicherung, eintritt. Kommt es nicht zum Versicherungsfall innerhalb dieses Zeitraumes, dann sind die Beiträge „verloren", der Versicherer hat seine Wette mit dem Tod des Versicherten gewonnen.

Die kurze Todesfallversicherung wird typischerweise gegen laufende Beitragszahlung über die gesamte Laufzeit der Versicherung angeboten und abgeschlossen. Die Laufzeiten der kurzen Todesfallversicherung werden dem jeweiligen Zweck angepasst und reichen von einem Jahr bis zu einem beliebig gewählten Termin.

Der Einsatzzweck kann unter anderem sein: Absichern eines Kredits, Absichern einer Unterhaltsverpflichtung.

Die jährlich zu zahlenden Prämien sind meist sehr gering, sie sind abhängig vom Eintrittsalter (früher: und Geschlecht) der versicherten Person sowie der Laufzeit. Die Abhängigkeit vom Geschlecht ist inzwischen gesetzlich verboten. Die Versicherungssummen können bei bezahlbaren Prämien sehr hoch sein.

Bei der kurzen Todesfallversicherung wird (praktisch) kein Kapital angespart. Daraus folgt: Es gibt keinen Rückkaufswert; es gibt keine Inflationsverluste; es gibt kein Vermögen, das beschlagnahmt, geraubt, enteignet werden kann. Es gibt praktisch keine Abhängigkeit vom Zinsniveau:

Die mögliche Gewinnbeteiligung wird bisweilen direkt von der vertraglich vereinbarten Tarifprämie abgezogen, sodass der tatsächliche Zahlbetrag unter dem Tarifbeitrag liegt. Dies ist bei Vergleichen von Angeboten zu beachten.

Eine nicht mehr benötigte kurze Todesfallversicherung kann ohne Verluste gekündigt werden, damit werden künftige Beiträge gespart.

Als Besonderheit werden Tarife angeboten, bei denen die Versicherungssumme in festgelegtem Umfang steigt oder fällt. Der Interessent muss prüfen, ob diese standardisierte Variante seinen Anforderungen entspricht.

<u>Risikoversicherung zur Absicherung von Kindesunterhalt</u>

Hier geht es um ein Beispiel für den Einsatz einer kurzen Todesfallversicherung zur Absicherung des Unterhalts eines Kindes.

Wir nehmen an, ein Vater will den Unterhalt seines Kindes absichern. Der Vater rechnet: 500 Euro Unterhalt im Monat, macht im Jahr 500 * 12 = 6.000. Der Unterhalt soll für 20 Jahre abgesichert werden, also Absicherungsbedarf: 6.000 * 20 = 120.000. Als Absicherung käme also eine kurze Todesfallversicherung über die Summe von 120.000 und die Laufzeit von 20 Jahren infrage.

Der Vater überlegt, es sollte auch billiger gehen. Er teilt die Laufzeit und die Gesamtsumme in vier gleiche Teile. Dann wäre die Absicherung durch vier Einzelverträge mit unterschiedlichen Laufzeiten möglich, die Versicherungssummen wären jeweils: 500 * 12 * 5 Jahre = 30.000. Die abzuschließenden Verträge wären:
1. Vertrag über 5 Jahre, Summe 30.000.
2. Vertrag über 10 Jahre, Summe 30.000.
3. Vertrag über 15 Jahre, Summe 30.000.
4. Vertrag über 20 Jahre, Summe 30.000.

Insgesamt sind wieder die gewünschten 120.000 versichert, aber die verschiedenen Laufzeiten passen die Gesamtheit der Versicherungen dem mit der Zeit geringeren Bedarf an. Im Extremfall kann nach diesem Verfahren für jedes einzelne Jahr ein eigener Vertrag geschlossen werden.

Der Vater überlegt weiter, wenn schon Verträge mit unterschiedlichen Laufzeiten, dann könnte doch auch die Versicherungssumme dem unterschiedlichen Bedarf in den einzelnen Jahren angepasst werden, denn mit zehn Jahren braucht ein Kind mehr als mit fünf, und mit fünfzehn mehr als mit zehn. Der Vater rechnet jetzt mit einem Unterhaltsbedarf

in den ersten sieben Jahren mit 500, in den nächsten sieben Jahren mit 750 und in den letzten sechs Jahren mit 1000. Daraus folgen die Versicherungssummen und Laufzeiten:
1. Versicherung 7 Jahre, Summe: 500 * 12 * 7 = 42.000.
2. Versicherung 14 Jahre, Summe: 750 * 12 * 7 = 63.000.
3. Versicherung 20 Jahre, Summe: 1000 * 12 * 6 = 72.000.

Auch hier gilt wieder, im Extremfall kann für jedes Jahr ein eigener Vertrag mit einer anderen Versicherungssumme vereinbart werden.

Zu beachten ist bei diesem Verfahren, welche Bedingungen der ausgewählte Versicherer für die Summenrabatte hat.

Als Bezugsberechtigter ist immer – widerruflich oder unwiderruflich – das Kind einzusetzen, denn es geht ja um dessen Unterhalt. Stirbt das Kind während der Laufzeit, können die noch laufenden Verträge praktisch ohne Verlust gekündigt werden.

Ein besonderes Problem ist zu bedenken, wenn nicht der Vater (= naher Verwandter in direkter Linie) die Absicherung wünscht. In diesen Fällen könnte es aus Steuergründen – und nicht nur deshalb – sinnvoll sein, dass die Verträge vom Kind abgeschlossen werden (das Kind wird also Versicherungsnehmer) und zwar auf das Leben des Versorgungswilligen, denn dann ist das Kind Eigentümer der Versicherungsleistung. In diesem Fall müsste wegen der möglichen Vertragsunfähigkeit des Minderjährigen gleichzeitig eine unbedingte Übernahmeverpflichtung der Beitragszahlungen durch den Unterhaltswilligen erfolgen. Diese Variante ist also rechtlich nicht ganz einfach.

Risikoversicherung zur Absicherung von Ehegattenunterhalt

Hier geht es um ein Beispiel für den Einsatz einer kurzen Todesfallversicherung zur Absicherung des Unterhalts eines Ehepartners oder allgemein einer anderen erwachsenen Person.

Grundsätzlich gilt hier, was bereits für die Absicherung des Unterhalts eines Kindes gesagt wurde.

Der Absicherungsbedarf (= Versicherungssumme) ist zu errechnen: Monatsbetrag * 12 * Anzahl Jahre. Die Stückelung nach Jahren und Versicherungssumme ist hier ebenfalls möglich und kostensparend.

Im Unterschied zur Absicherung eines Kindesunterhalts ist es hier beim Ehegattenunterhalt immer sinnvoll, dass als Versicherungsnehmer die abzusichernde Person auftritt. Versichert wird immer das Leben des Unterhaltswilligen. So sind die Eigentumsverhältnisse im Versicherungsfall eindeutig und es gibt in so weit keine Probleme. Bleibt die steuerliche Absetzbarkeit der jährlich zu zahlenden Prämien, was jedoch bei einem Ehepaar mit gemeinsamer Veranlagung kein Problem ist.

Risikoversicherung als Kreditsicherung

Hier geht es um ein Beispiel für den Einsatz einer kurzen Todesfallversicherung zur Absicherung eines Kredits.

Der Kredit gibt die Eckdaten vor: Kreditsumme = Versicherungssumme, Laufzeit, der Tilgungsplan die eventuelle Stückelung der Versicherung.

Rechtlich sind der Kreditvertrag und der Versicherungsvertrag völlig getrennt. Kreditgeber und Versicherer brauchen nichts voneinander zu wissen. Verlangt der Kreditgeber aber eine Versicherung, dann sind einige Dinge zu beachten. Zunächst die Wahl des Versicherers. Bietet der Kreditgeber zugleich eine Gruppenversicherung für seine Kreditnehmer, wie es die Bausparkassen tun, dann ist dieses Angebot meist billiger als eine getrennte Versicherung, das liegt an Einsparungen bei den Kosten, die an den Kredit- und zugleich Versicherungsnehmer weitergereicht werden. Bei derartigen Gruppenversicherungen wird die Versicherungssumme dem jeweiligen Stand der Restschuld angepasst.

Sucht sich der Kreditnehmer aber selbst einen Versicherer, so sollte er nicht leichtfertig, weil vom Kreditgeber gefordert, seine Versicherungsansprüche an den Kreditgeber abtreten, denn auch seriös tuende Banken und Sparkassen übervorteilen gern ihre Kunden und schrecken auch bisweilen nicht von Unterschlagungen und Betrügereien zurück.

Kreditsicherung bei einem Ehepaar

Hier geht es um den Einsatz einer kurzen Todesfallversicherung zur Absicherung eines Kredits, für den zwei Personen (Ehepaar) jeweils als Gesamtschuldner haften.

Ehepaare kaufen Grundstücke oft gemeinsam, auch die Belastungen des Objekts werden oft gemeinsam abgeschlossen. Rechtlich ist also jeder Eigentümer zu einem ideellen Anteil (meist „zu gleichen Teilen"). Für die gemeinsamen Schulden haftet jeder gesamtschuldnerisch, also jeweils für den vollen Betrag. Wenn, wie heute üblich, beide Teile verdienen und die Schulden aus dem gemeinsamen Einkommen bedient werden, dann sollte der Ausfall eines Teils abgesichert werden. Dies geschieht wie folgt:

Die Ehegatten schließen wechselseitig jeweils über die Hälfte der (Rest-)Schuld auf das Leben des Partners eine passende kurze Todesfallversicherung ab. Im Versicherungsfall bezieht damit jeder die Versicherungsleistung aus seiner eigenen Versicherung. Damit sind die Eigentums- sowie die Steuerfragen eindeutig geklärt. Es gibt auch insoweit keine Probleme mit Erben.

Wichtig ist in diesem Zusammenhang, dass mit dem Kreditgeber wenigstens für den Todesfall die Möglichkeit einer sofortigen Teil-Rückzahlung des Darlehens vereinbart ist.

Wahl des Versicherers

Auf dem Gebiet der Lebensversicherung arbeiten in Deutschland ungefähr hundert Versicherungsunternehmen, und jedes bietet ein mehr oder minder umfangreiches Bündel von Tarifen an. Welcher Versicherer ist der richtige?

Alle paar Monate werden von unterschiedlichen Stellen Ranglisten veröffentlicht, mal ist das eine, mal das andere Versicherungsunternehmen an der Spitze. Eins gleich vorab, wenn es gelingt, ein Unternehmen zu meiden, das stets unter den letzten fünfundsiebzig Prozent ist, ist bereits das wichtigste für eine gute Wahl getan, denn das gute Geschäft ist stets die schlechten, die man lässt!

Weshalb aber und woher die Unterschiede in den Ranglisten? Aus den vom Versicherer verwendeten Rechnungsgrundlagen (Sterbetafel, Rechnungszinssatz, Abschlusskosten, Erhebungskosten, allgemeine Verwaltungskosten) ergeben sich bereits eine Reihe von Folgen. Ein Versicherer kann in einem Tarif gut, im anderen schlechter sein, er konnte früher für Männer gut und für Frauen schlechter sein – oder umgekehrt, er kann für Renten gut und für Kapitalversicherungen schlechter sein – oder umgekehrt, er kann für Ablaufleistungen gut und für Kündigungen schlechter sein – und umgekehrt, er kann für kurze Laufzeiten gut und für lange schlechter sein – und umgekehrt, er kann für junge Eintrittsalter gut und für ältere schlechter sein – und umgekehrt. Kennt man die vom Versicherer verwendeten Rechnungsgrundlagen genau, könnte man diese Unterschiede jeweils bereits auf den Cent genau berechnen.

Aber es gibt für diesen Teil der Bewertung für den geschulten Fachmann auch noch eine andere mathematisch genaue Methode: man nimmt sich eine Sterbetafel und wählt einen sinnvollen Rechnungszinssatz, zum Beispiel fünf Prozent und berechnet mit dem Instrumentarium der Versicherungsmathematik für jede ausgewählte Leistung (Tarif) die eigene Nettoprämie (also ohne Kosten) und vergleicht diese mit den angebotenen Tarifen. Bei den hier gewählten Bedingungen werden alle Anbieter schlechter sein, also höhere Prämien verlangen als die selbst errechnete Nettoprämie. Aus dem Abstand dieser beiden Werte ergibt sich auf den Cent genau eine Rangfolge: je dichter die vom Versicherer angebotene Tarifprämie an der eigenen Nettoprämie liegt, um so besser ist der Anbieter. Diese exakte Vergleichsmethode berücksichtigt aber ausschließlich die garantierten Leistungen – und die sind ja nicht allein maßgeblich.

In den veröffentlichten Ranglisten wird dann auch noch das Versicherungsunternehmen untersucht, analysiert und geprüft. Grundlagen dafür sind die Bilanzen und Geschäftsberichte. Hier wird mit viel Aufwand gerechnet – nur leider beziehen sich alle Ergebnisse nur auf die Vergangenheit, die mögen nun stimmen oder auch nicht. Aber wir wollen doch ausgehend vom heutigen Versicherungsabschluss etwas über die Zukunft, die nächsten zehn, zwanzig, fünfzig Jahre wissen. Und über diese interessante Zukunft sagen diese Untersuchungen trotz aller Raffinesse nicht viel aus. Denn was in der Vergangenheit war, kann nicht einfach in die Zukunft verlängert werden.

In den veröffentlichten Ranglisten werden dann die Gewinnbeteiligungen berücksichtigt. Die Gewinnbeteiligung gliedert sich einmal in die Gewinnerwirtschaftung (was zum Teil wieder von den Rechnungsgrundlagen abhängt) und zum anderen in die Gewinnverwendung, die nun wieder je nach Laufzeit, Eintrittsalter, (früher auch Geschlecht), Tarif den einen oder anderen begünstigen oder benachteiligen kann. Die Bewertung hängt also auch von den jeweils gewählten Beispieldaten ab. Aber selbst, wenn alles richtig wäre, es sagt auch hier nur dies etwas über die Vergangenheit, etwas über die Absichten und so gut wie nichts über die Zukunft aus.

So bleibt es also bei dem, was ich bereits eingangs sagte: Wer die Masse der schlechten Anbieter vermeidet, hat schon viel getan. Unter den – sagen wir Ersten zehn – mag jeder wählen, wie er will.

Jetzt möchte mancher gern, dass ich nach all der Theorie ein Unternehmen empfehle – tue ich nicht. Aber ich sage, bei wem ich in den vergangen mehr als fünfzig Jahren abgeschlossen hatte, wenn ich eine kurze Todesfallversicherung brauchte: Die Hannoversche Leben, sie ist nach den Ranglisten nicht immer die beste, aber ... und das Leben besteht nicht nur aus Ranglisten.

Steuer

Lebensversicherungen werden in der einen oder anderen Weise besteuert – oder auch nicht, sie werden gefördert oder behindert. Auf alle Fälle laufen Lebensversicherungen über viele Jahre – und Steuervorschriften werden schnell geändert.

Daraus ergibt sich: Prüfen Sie Ihren Bedarf an Lebensversicherungen völlig unabhängig von den gerade geltenden Steuervorschriften. Sind Sie zu einem Ergebnis pro Lebensversicherung gekommen, dann führen Sie die gegenwärtigen Steuervorschriften in Ihre Überlegungen ein, und wenn Sie dann immer noch pro Lebensversicherung sind, prüfen Sie weiter, wie die Sache aussieht, wenn die gerade gewährten Vergünstigungen wegfallen oder wenn neue Steuerlasten eingeführt werden. Eine beliebte Methode der Steuerbelastung ist, einen mehr oder minder willkürlich definierten „Ertragsanteil" einzuführen, und diesen dann hoch zu besteuern. - Und nun viel Spaß beim Blick in die düstere Steuerzukunft.

Warum der Staat Lebensversicherungen mal fördert und mal höher besteuert, fragen Sie Ihren Politiker, schließlich haben die das alles mit beschlossen. Eine Antwort werden Sie allerdings nicht erhalten: Lebensversicherer sind „Kapitalsammelstellen" und der Staat als größter Schuldner im Land braucht diese Kapitalsammelstellen, um seine eigentlich wertlosen aber trotzdem als „Wertpapier" bezeichneten Schuldtitel zu verkaufen. Durch seine Gesetzgebung sorgt er dafür, dass die Kapitalsammelstellen (dazugehören auch die Banken) gezwungen sind, fleißig diese Schuldtitel zu kaufen und zu halten. Aus diesem Eigeninteresse des Staates folgt seine Behandlung der Versicherungen, er darf sie nicht so stark besteuern, dass niemand mehr kapitalsammelnde Versicherungen abschließt, denn dann schadet er sich selbst. Daher also die Förderung der Renten mit kleinen Zuschüssen – man muss nur einmal hinter die Kulissen schauen.

Inflation

Die Inflation, die Geldentwertung, nagt beständig an allen „Nominalwerten", also den Werten, die auf eine bestimmte Summe Geld lauten. Die Folgen der Inflation sind um so größer, je höher die Inflationsrate, der Inflationsprozentsatz ist, und je länger die Inflation arbeiten kann – und das ist bei Lebensversicherungen zwischen einem und hundert Jahren.

Die im Ende Juni 1948 eingeführte DM (Deutsche Mark) hatte bis zu ihrer Ablösung durch den Euro 1999/2002 einen mittleren Wertverlust (Inflationsrate) von etwas über 2,5 Prozent jährlich. Trotz dieser Inflationsrate galt die DM als eine der stabilsten Währungen der Welt. Mit ihrem Mittelwert von etwas über 2,5 Prozent jährlich lag die Entwertung etwas über der von der Bundesbank (unserer damaligen Zentralbank) angepeilten Entwertungsrate von 2 Prozent. Die Bundesbank weigerte sich stets, diese Entwicklung eine „Inflation" zu nennen.

Der Euro hat wegen der derzeitigen Wirtschaftskrise diese mittlere Inflationsrate noch nicht erreicht. Da aber die Europäische Zentralbank (EZB) ebenfalls eine Inflationsrate von 2 Prozent anpeilt und die derzeitige Staatsverschuldung sehr hoch ist, werden wir sehr bald Inflationsraten deutlich über 2 Prozent erreichen.

Abwertung der deutschen Währung gab es in den letzten hundert Jahren in Deutschland dreimal: vor und bis 1923 (DIE „Inflation"); 1948 als Umstellung der kriegsgeschwächten RM (Reichsmark) auf die DM („Währungsreform") sowie 1990 für die Eingliederung der neuen Bundesländer.

Ich sagte, die Folgen der Inflation sind um so größer, je höher die Inflationsrate und je länger die Laufzeit ist. Dieser Wertverlust soll hier für die Inflationsraten von 1, 2, 3, 4, und 5 Prozent und die Laufzeiten von 10, 20, 30, 40, 50, 60, 70, 80 Jahren gezeigt werden. Ein Euro hat dann noch einen Wert (zu heutigen Preisen) von:

Laufzeit	Wertverlust durch Inflation.				
	Inflationsrate in Prozent				
	1	2	3	4	5
10	0,91	0,82	0,74	0,68	0,61
20	0,82	0,67	0,55	0,46	0,38
30	0,74	0,55	0,41	0,31	0,23
40	0,67	0,45	0,31	0,21	0,14
50	0,61	0,37	0,23	0,14	0,09
60	0,55	0,30	0,17	0,10	0,05
70	0,50	0,25	0,13	0,06	0,03
80	0,45	0,21	0,09	0,04	0,02

Die Berechnungsformel für die Tabelle ist: $1/r^n$ dabei ist „r" der Aufzinsungsfaktor für den jeweiligen Zinssatz, also für 2 Prozent ist r = 1,02; für 5 Prozent ist r = 1,05. „n" ist die Laufzeit, n ist in der Formel der Exponent (Hochzahl). Im Tabellenkalkulationsprogramm wird die Formel für r = 1,02 und n = 10 geschrieben: 1/1,02^10.

Wer diesen Zusammenhang kennt, kann nicht einem 20-jährigen, der noch achtzig Jahre zu leben hat, guten Gewissens den Abschluss eines Vertrages für eine lebenslange Rente empfehlen, denn der wird am Ende durch die Inflation kaum noch etwas davon haben.

Gewinner einer Inflation sind alle, die Nominalwerte schulden, dies ist vor allem der Staat. Inflationsraten von zwei oder drei Prozent reichen zwar noch nicht, um den Staat zu entschulden, aber sie helfen deutlich, die Schuldzinsen zu tragen. Erst Inflationsraten oberhalb der Schuldzinsen führen auch zu einer Entschuldung. Der Staat als größter Schuldner im Land hat also allen gegenteiligen Beteuerungen zum Trotz ein erhebliches ureigenes Interesse an einer laufenden Inflation.

<u>Rechnungsgrundlagen</u>

Lebensversicherungen werden mit dem Instrumentarium der Versicherungsmathematik berechnet. Diese mathematischen Methoden sind exakt und genau. Neben dieser Mathematik gibt es die zu verarbeitenden Daten, dies sind die „Rechnungsgrundlagen". Diese Rechnungsgrundlagen sind:

- Der Rechnungszinssatz (erste Rechnungsgrundlage)

- Die Sterbetafel (zweite Rechnungsgrundlage)
- Die Kosten (dritte Rechnungsgrundlage). Die Kosten gliedern sich weiter in:
  - Die Abschlusskosten
  - Die Erhebungskosten für die Prämien
  - Die allgemeinen Verwaltungskosten.

Ein hoher Rechnungszinssatz führt direkt zu niedrigen Barwerten und damit zu niedrigeren Tarifprämien aber im weiteren auch zu niedrigeren oder gar keinen Zinsgewinnen. Umgekehrt führt ein niedriger Rechnungszinssatz direkt zu hohen Barwerten und damit zu hohen Tarifprämien aber im weiteren zu hohen Zinsgewinnen. Die maximale Höhe des Rechnungszinssatzes ist begrenzt. Ein vorsichtig kalkulierender Versicherer rechnet lieber mit einem niedrigen Rechnungszinssatz – das lohnt sich am Ende auch für den Versicherungsnehmer. Der Rechnungszinssatz sollte immer unter dem Marktzinssatz liegen. Der höchste Rechnungszinssatz wird vom Staat vorgeschrieben (zur Zeit [2014]: 1,75 Prozent); eine weitere deutliche Absenkung ist in der Diskussion. Denkbar ist es für eigene Rechnungen, insbesondere bei der Risikoversicherung, mit 0 Prozent zu rechnen.

Sterbetafeln enthalten die einjährige Sterbewahrscheinlichkeit in Abhängigkeit vom Alter. Da die Sterblichkeit für Männer und Frauen deutlich unterschiedlich ist, gibt es für die Geschlechter getrennte Sterbetafeln. Für Lebensversicherungen sind jetzt jedoch im Neugeschäft nur noch „Unitarife" erlaubt; die Sterbetafel wird nicht nach Geschlechtern getrennt. Der Versicherer wählt die Sterbetafel so, dass der tatsächliche Sterbeverlauf in der Gesamtbevölkerung immer bezogen auf die betrachtete Versicherungsart günstiger ist, als es die Tafel erwarten lässt. Praktisch bedeutet dies, es gibt unterschiedliche Sterbetafeln für die Todesfallversicherung und für die Rentenversicherung. Die Sterbetafel für die Todesfallversicherungen rechnet mit überhöhter Sterblichkeit, die für die Rentenversicherung mit deutlich zu geringer Sterblichkeit. Der Versicherer muss die Sterbetafel jeweils so wählen, dass immer ein Sterblichkeitsgewinn entsteht.

Die Abschlusskosten enthalten alle Kosten, die dem Versicherer für sein Neugeschäft entstehen, also auch die Kosten der Angebote, die nicht zum Abschluss führen, dann aber – und das ist die Hauptmasse – die Provisionen der Vertreter und Vermittler. Die Abschlusskosten werden zum Teil in die Tarifprämie einkalkuliert, dieser Anteil betrug lange Zeit 3,5 Prozent der Versicherungssumme. Bei vielen Versicherern reicht dieser einkalkulierte Satz nicht zur Deckung der erwirtschafteten Abschlusskosten. Besser sieht es allein bei den „Direktversicherern" aus, weil die ohne Vertreter und damit ohne zu zahlende Provisionen arbeiten.

Die Prämienerhebungskosten betreffen die Kosten zum Einzug der Prämie aber auch die Kosten, die dadurch entstehen, dass mit echten Jahresprämien gerechnet wird, tatsächlich aber Monatsprämien (allgemein: unterjährige Prämien) eingezogen werden.

Die Prämieneinzugskosten werden mit rund sechs Prozent der Jahresprämie gerechnet. Wie hoch dieser Zuschlag im Einzelfall wirklich ist, kann man feststellen, wenn man sich für die gewählte Versicherung, nach Art, Eintrittsalter, Laufzeit, Summe bestimmt, die Prämien für die verschiedenen Zahlungsintervalle sagen lässt.

Die allgemeinen Verwaltungskosten decken die restlichen Kosten, sie werden in einem Prozentsatz (zum Beispiel 1 Prozent) auf die Versicherungssumme gerechnet.

Gewinnentstehung

Alle Gewinne, egal woher sie kommen, fließen in einen Topf, aus dem dann in einem weiteren Schritt die Gewinnverwendung gespeist wird.

Die Gewinnquellen sind: die Sterblichkeitsgewinne, die Zinsgewinne, die (hoffentlich) Kostengewinne.

Der Versicherer muss die Sterbetafeln für den jeweiligen Tarif so auswählen – und im Fall der Rentenversicherungen sogar so manipulieren – dass immer und nachhaltig ein Sterblichkeitsgewinn entsteht. Stellt der Versicherer fest, dass diese Bedingung nicht (mehr) erfüllt ist, muss er diesen Tarif sofort schließen. Tut dies der Versicherer nicht unverzüglich selbst, so wird die Aufsicht den Tarif zwangsweise schließen. Also noch einmal: es müssen immer und für jeden Tarif gesondert gerechnet Sterblichkeitsgewinne entstehen.

Der Versicherer muss den Rechnungszinssatz (der ist meist bei einem Versicherer für alle gleich alten Tarif der gleiche) so wählen, dass aller Voraussicht nach nachhaltig, also über die gesamte Laufzeit einer Versicherung dieses Tarifs, der erwirtschaftete Zinssatz über dem gewählten Rechnungszinssatz liegt. Es muss also nachhaltig ein Zinsgewinn entstehen. Führt ein Versicherer mehrere gleichartige Tarife (ältere und neuere) so können diese unterschiedliche Rechnungszinssätze haben. In diesem Fall sind die älteren Tarife meist für den Neuzugang geschlossen, müssen aber wegen des Altbestandes an Versicherungen noch bis zum Ablauf dieser Versicherungen weiter geführt werden.

Die Zinsgewinne sucht der Versicherer durch eine möglichst gute Kapitalanlage zu erhöhen. Als Kapitalanlage kommen infrage: gute erststellige Darlehen auf Wohngebäude, börsennotierte Anleihen von Wirtschaft und öffentlichen Haushalten (vor allem Bund), aber, in geringen Mengen, auch Aktien. Mit etwas Pech kann die Kapitalanlage auch zu Verlusten führen. Dann wird aus dem Zinsgewinn ein Zinsverlust. Ursache können Kursschwankungen an der Börse sein, die dann über die Bilanzvorschriften zu Buchverlusten führen. Buchverluste sind Verluste, die (noch) gar keine sind, aber so gewertet werden müssen. Diese Bilanzierungsvorschriften können ein Unternehmen in den Konkurs treiben.

Die Zinsgewinne können also von Jahr zu Jahr recht heftig schwanken.

Bei den Abschlusskosten entstehen praktisch keine Gewinne.

Auch bei den Erhebungskosten entstehen praktisch keine Gewinne.

Bei den allgemeinen Verwaltungskosten sieht die Sache so aus. Jede Versicherung verursacht Kosten, diese Kosten sind unabhängig von der Höhe der Versicherungssumme. Diese Kosten kann man sich ermittelt vorstellen, als die Gesamtmenge der Kosten dividiert durch die Anzahl der bestehenden und zu verwaltenden Verträge. Es müsste also ein bestimmter Betrag jeder Versicherung zugerechnet werden. Im nächsten Jahr wäre diese Art der Berechnung der durchschnittlichen Kosten je Vertrag erneut durchzuführen und das so alle Jahre weiter. So eine Rechnung widerspricht aber der Logik der Versicherungsmathematik und damit werden die allgemeinen Verwaltungskosten als ein Prozentsatz auf die Versicherungssumme gerechnet. Dieses Verfahren führt aber zu Ungerechtigkeiten, denn da diese Kosten ja definitionsgemäß unabhängig von der Höhe der Versicherungssumme je Vertrag entstehen, werden die Versicherungen mit einer sehr geringen Versicherungssumme zu wenig, die mit hoher Versicherungssumme aber zu stark belastet. Diese Ungerechtigkeit wird nun durch Kleinsummenzuschläge und bei hohen Summen Summenrabatte auf die jeweilige Tarifprämie ausgeglichen. Summenrabatte sind also keine besondere Art der Gewinnverwendung. Es kann sein, dass ein Versicherer Kleinsummenzuschläge und Summenrabatte in seinen Versicherungsangeboten nicht extra ausweist, sondern sofort in die angebotene Prämie einer konkreten, nach der Versicherungssumme bestimmten, Versicherung einrechnet.

Gewinnverwendung

Alle in einem Jahr erwirtschafteten Gewinne, genauer: Der Saldo aller erwirtschafteten Gewinne und Verluste fließt in einen Topf. Ein Teil wird zurückgestellt, um einen Ausgleich über die Jahre durchzuführen sowie um, wenn das so geplant ist, die höheren Ablaufgewinne zahlen zu können. Die große Masse aber wird verteilt. Bei dieser Verteilung versucht der Versicherer jedem Vertrag möglichst den Anteil zukommen zu lassen, der durch diesen Vertrag entstanden ist.

Zinsgewinne werden auf die Verträge verteilt, die ein zinstragendes Kapital angespart haben und zwar entsprechend der angesparten Kapitalhöhe. Hieraus folgt klar, dass alle kurzen Todesfallversicherungen hiervon nichts abbekommen, denn bei dieser Vertragsart entsteht kein zinstragendes Kapital, es gibt keine Reserve.

Sterblichkeitsgewinne können hingegen auf alle Versicherungsarten verteilt werden, denn alle Versicherungen haben irgendetwas mit der Sterblichkeit zu tun. Dass bei den kurzen Todesfallversicherungen die erwarteten Sterblichkeitsgewinne bereits als Abzug von der vereinbarten und im Vertrag festgehaltenen Tarifprämie auf Verdacht ausgeschüttet werden, wurde bereits gesagt. Treten die Gewinne nicht ein, wird diese Vorabausschüttung widerrufen und es muss künftig mehr oder minder der volle Tarifbeitrag gezahlt werden. Dieser Vorabazug ist also eine echte nicht garantierte Gewinnausschüttung.

Soweit der Grundsatz und die Theorie. Auf Anfrage oder auch so zur Werbung verrät der Versicherer wie hoch seine Gewinne bei einem bestimmten Beispielvertrag in den nächsten zehn, zwanzig, fünfzig Jahren sein werden, und die Versicherer weisen schöne große Gewinnzahlen aus. Ganz klein steht dann irgendwo, dass diese Gewinne aber nicht garantiert werden können, diese Zahlenspiele seien nur Beispiele, wie es denn sein könnte, wenn alles so verläuft, wie angenommen.

Außerdem sollte man genau hinsehen, wann denn diese schönen Gewinne dem Vertrag gutgeschrieben werden: es ist schon ein Unterschied, ob die Gewinne auf alle Jahre der Laufzeit verteilt werden oder im wesentlichen in den letzten beiden Jahren gutgeschrieben werden. Werden aus irgendeinem Grund diese Gewinn-gemästeten Jahre nicht erreicht, dann gibt es auch die schönen Gewinne nicht.

Trotzdem, fragen Sie Ihren Versicherer nach seiner Gewinnprognose für ihren ausgewählten Vertrag – und hoffen Sie, dass es so oder besser wird – nur: Sicher ist nichts.

<u>Noch ein paar Kleinigkeiten</u>

Der Versicherungsnehmer muss über die versicherte Person richtige Angaben machen, das gilt insbesondere für (früher das Geschlecht und) das Eintrittsalter, praktisch das Geburtsdatum. Sind Gesundheitsangaben von der versicherten Person gefordert, müssen diese ebenfalls richtig und vollständig sein. Eine (meist vom Versicherer bezahlte) ärztliche Untersuchung, und die möglichst bei dem vom Versicherer vorgeschlagenen Arzt, schützt davor, dass der Versicherer im Fall des Falles versucht, sich über angeblich falsche oder unvollständige Gesundheitsangaben vor der Leistung zu drücken. Diese Gefahr ist um so größer, je höher die Versicherungssumme und je kürzer der Zeitabstand von Versicherungsbeginn und Leistungsfall ist. Bei Rentenversicherungen sind keine Gesundheitsangaben erforderlich, denn ein früher Tod der versicherten Person ist für den Versicherer von Vorteil.

Als Tarif wird eine nach (früher Geschlecht und) Eintrittsalter sortierte, die gleiche Versicherungsart betreffende Zusammenstellung eines Versicherungsangebots verstanden. Jeder Tarif muss, bevor er im Markt angeboten werden darf, von der Aufsicht genehmigt werden. Wie bei jeder staatlichen Genehmigung haftet der Staat für etwa vorhandene Mängel nicht.

Versicherungsbetrug ist nach herrschender Meinung ein Betrug, den der Versicherungsnehmer an dem Versicherer begeht. Es gibt allerdings auch den umgekehrten Fall, dass der Versicherer den Versicherungsnehmer betrügt – nur diese Variante des Betrugs will selten ein Staatsanwalt und Strafgericht wahr haben.

Jede kapitalbildende Versicherung – also praktisch alles außer der kurzen Todesfallversicherung – bildet Reserven, deren Höhe dem einzelnen Versicherungsvertrag auf den Cent genau zugeordnet werden kann. Diese Reserven sind ein Sondervermögen, das im Fall des Konkurses des Versicherers nicht angetastet werden kann. Diese Reserve ist fast im Eigentum des Versicherungsnehmers, aber eben nur fast. Kündigt der Versicherungsnehmer den Vertrag, dann steht ihm die seinem Vertrag zurechenbare Reserve zu. Der Versicherer behält aber einen Teil der Reserve ein – dies ist für mich, außer bei der echten Rentenversicherung, rechtswidrig, denn nach der Versicherungsmathematik gibt es eine derartige Vererbung an den Versicherer nicht. Was nun tatsächlich an den Versicherungsnehmer ausbezahlt wird, ist der „Rückkaufswert". Wer also sich mit dem Gedanken trägt, seine Versicherung zu kündigen, der sollte sich zuvor den Rückkaufswert mitteilen lassen. Bei langlaufenden Versicherungen kann in den ersten Jahren nach Vertragsabschluss der Rückkaufswert Null sein! Nur bei Direktversicherern kann auch in den ersten Versicherungsjahren bereits ein (kleiner) Rückkaufswert vorhanden sein.

Um diesen Nachteil des geringen Rückkaufswertes zu mindern, werden bisweilen laufende Versicherungen „gekauft". Der Versicherungskäufer zahlt dem bisherigen Versicherungsnehmer etwas mehr als den vom Versicherer gebotenen Rückkaufswert, tritt selbst als Versicherungsnehmer in den laufenden Versicherungsvertrag ein und setzt den Vertrag fort. Hohe Gewinnanteile am Ende der Versicherungslaufzeit machen diese Geschäfte für den Käufer interessant.

Eine weitere Möglichkeit ist es, die eigene Versicherung zu beleihen. Diese Variante sollte sich der Versicherungsnehmer aber sehr genau überlegen, sie kann schnell sehr teuer werden. Die Möglichkeit der Beitragsfreistellung oder Umwandlung der Versicherung sind weitere Gestaltungsmöglichkeiten.

Um der Inflation zu entgehen, bieten Versicherer insbesondere für die Renten fondsgestützte Verträge an. Dies soll eine Absicherung bringen. Das Problem ist nur, dass man zwar sehr genau weiß, wann die Rentenzahlung beginnen soll, aber niemand kennt den dann geltenden Wert des Fonds. Ist der Fonds gerade im Wert gefallen, dann kann die Rente sehr gering ausfallen. Derartige Anlageformen sind für den normalen Versicherungsnehmer nicht durchschaubar, mit hohen Kosten belastet und darum von mir nicht empfohlen.

Tarifwechsel sind während der Laufzeit grundsätzlich möglich. Die bereits erwähnte Reserve wird dabei als Einmalzahlung einbezogen. Ob sich freilich das Ganze für den Versicherungsnehmer lohnt, hängt sehr vom Einzelfall ab. Wird bei Ablauf der gemischten Versicherung vom Wahlrecht Gebrauch gemacht und eine Rente abgeschlossen, ist dies so ziemlich der einzige Fall eines sinnvollen Tarifwechsels mit einem neuen Vertragsabschluss – aber das ist auch kein echter Tarifwechsel, denn hier werden lediglich gesparte Abschlusskosten an den Versicherungsnehmer weiter gegeben.

Versicherungsbetrug

Der Begriff „Versicherungsbetrug" ist nicht eindeutig:
- Der Versicherungsnehmer betrügt den Versicherer. Das ist der Fall, an den Polizei, Staatsanwaltschaft, Strafgerichte und Krimiautoren denken.
- Der Versicherer betrügt den Versicherungsnehmer. Und dieser Fall kommt viel öfter vor, als manche klugen Kriminalisten denken.

Der Fall „Versicherungsnehmer betrügt Versicherer" hat in der Lebensversicherung ein Problem: Es geht ja im wahrsten Sinne des Wortes um Leben und Tod. In der Erlebensfallversicherung, praktisch geht es ja nur um die Rente, muss der Tod der versicherten Person verheimlicht werden. Das mag für kurze Zeit gehen, sehr lange sicher nicht. Auf diese Weise sind in der Rentenversicherung jedenfalls keine großen Beträge, die das Betrugsrisiko lohnen, zu erwerben.

In der gemischten Versicherung steckt eine Erlebensfallversicherung in der Form, dass bei Zeitablauf die Versicherungssumme fällig wird. Hier den vorzeitigen Tod der versicherten Person zu verschweigen ist Dummheit, denn durch den Todesfallanteil in der Versicherung wird die Leistung ja auch und zwar sofort fällig. Es könnte allenfalls um bestimmte Gewinnanteile am Ende der Versicherungszeit gehen, was im Einzelfall zu prüfen wäre – aber ebenfalls das Betrugsrisiko nicht aufwiegt.

Ganz anders in der reinen Todesfallversicherung und hier geht es vor allem um die von mir empfohlene kurze Todesfallversicherung. Der Beitrag ist – im Verhältnis zur Versicherungssumme – niedrig, also: Die versicherte Person muss sterben. Der einfache Mord führt zwar zum Tode und damit zum Versicherungsfall, aber leider auch – oft, nicht immer – zur Mordanklage. Übrigens, um dieser Variante vorzubeugen, werden von den Versicherern derartige Versicherungen auf das Leben eines Minderjährigen mit größter Vorsicht behandelt und oft sogar einfach abgelehnt. Die versicherte Person muss immer den Versicherungsvertrag mit unterschreiben, sie muss also immer wissen, dass sie in diesem Versicherungsvertrag die versicherte Person ist und damit im wahren Wortsinn mit ihrem Leben einsteht.

Selbstmord führt zwar auch zum Tode der versicherten Person, wird aber möglicherweise in den Versicherungsbedingungen ganz oder für eine Wartezeit von mehreren Jahren als Versicherungsfall ausgeschlossen.

Bleibt die Vortäuschung des Todes der versicherten Person. Verschollenheit führt nicht zum Versicherungsfall, wohl aber die Für-Tod-Erklärung, auszustellen von einem Gericht nach dessen Prüfung. Für diese Fälle hat dann aber auch die Polizei viel Zeit und Interesse. Überlassen wir diese Variante also lieber den Krimiautoren.

Wenden wir uns nun den Fällen zu, in denen der Versicherer den Versicherungsnehmer betrügt.

Hier geht es wohl nie um die Erlebensfallversicherung, denn das eine bestimmte Person lebt, lässt sich, da diese Person ja daran selbst ein Interesse hat, so ziemlich immer sicher feststellen.

Und so geht es auch hier um die Todesfallversicherungen. Da geht es zunächst um tot oder gerade nicht auffindbar? Aber auch diese Frage stellt eigentlich kein richtiges Problem dar.

Ist eine Unfallzusatzversicherung im Spiel, geht es häufig um die Frage: Unfall oder kein Unfall und weiter um Selbstmord oder nicht. Unfall ist ein von außen plötzlich einwirkendes Ereignis. Das an den Brückenpfeiler gefahrene Auto ist ein Unfall, wenn auch vielleicht absichtlich herbeigeführt, das Trinken von Gift, auch wenn es unabsichtlich geschieht, ist ein beliebter Streitfall. Bei Selbstmordverdacht (und Verdacht kann man doch immer haben!) geht es um die Formulierungen in den Versicherungsbedingungen – und ich rate jedem, der einen Selbstmord vorhat, diese Vertragsbedingungen sehr sorgfältig zu lesen, es erspart Enttäuschungen.

Bei der Frage Selbstmord oder nicht, versuchen Versicherer das für sie günstigere herauszuschlagen: weil (vermutet) Selbstmord, keine Verdoppelung der Versicherungssumme bei Unfallzusatzversicherung, weil (vermutet) Selbstmord kein Versicherungsfall, also keine Zahlung. Der Versicherer kann also unter Umständen die Leistung total verweigern, aber er versucht es in Zweifelsfällen lieber mit einem Angebot: ich leiste ein bisschen und du verzichtest auf die Klage.

Das eigentliche Spielfeld für beide Seiten aber sind die – angeblich – fehlerhaften oder unvollständigen Angaben auf dem Versicherungsantrag. Wer hier bei Geschlecht und Alter (Geburtsdatum) lügt, ist selbst schuld, wenn er erwischt wird. Zu den Gesundheitsangaben habe ich schon an anderer Stelle einiges gesagt. Die Angaben zu bestehenden oder abgelehnten anderen Versicherungen kann der Versicherer leicht nachprüfen, denn die Versicherer arbeiten nicht nur im eigenen Konzern, sondern auch bundesweit – auch über die Grenzen der Versicherungssparten hinweg - eng zusammen. Und dann muss man immer daran denken: Der Versicherer lernt aus jedem neuen Fall bei sich und anderen dazu. In diesem Kampf steht also der Versicherungsnehmer allein gegen den Rest der Welt.

Ich neige zu dem Rat: Keine faulen Kompromisse, im Notfall klagen – und das mit möglichst viel Öffentlichkeit, denn dies ist Negativwerbung für den Versicherer – und die kann für ihn sehr teuer werden. Die Versicherer versuchen übrigens diesen Konflikt dadurch zu vermeiden, dass sie auf derartige Klauseln in den Versicherungsbedingungen verzichten – aber leider nicht alle und nicht immer.

Und jetzt noch ein ganz anderes Problem. Da hat jemand eine Kapitallebensversicherung abgeschlossen, fällig beim Tod der versicherten Person. Nun geht die Zeit dahin und die versicherte Person erreicht nach dem bekannten Geburtsdatum das 100. Lebensjahr – und lebt weiter, wird 110, 120, 150 Jahre alt. Sie mag in Wirklichkeit längst gestorben sein, aber niemand kommt und legt den Versicherungsschein vor. Was wird daraus? Nun, in solchen Fällen vereinnahmt der Versicherer als Sondereinnahme das Geld. Sollte dann aber doch noch ein Berechtigter kommen, muss der Versicherer die versprochene Versicherungsleistung zahlen. Nur eines muss der Versicherer nicht: Selbst nach einem Berechtigten suchen.

Handelt es sich aber um eine Rentenversicherung wird der Versicherer in einem solchen Fall einfach die Zahlungen einstellen und abwarten, was passiert. Meldet sich niemand, na dann wars dass eben, und meldet sich der Berechtigte, dann entschuldigt man sich für den bedauerlichen Fehler einer untergeordneten Aushilfskraft – und versucht es etwas später wieder.

Glossar

Versicherer: der, der einen Versicherungsvertrag anbietet, also die Versicherungsgesellschaft, das Versicherungsunternehmen.

Versicherungsnehmer: der, der einen Versicherungsvertrag nachfragt, der der den Versicherungsvertrag abschließt, er zahlt die Versicherungsprämie, den Versicherungsbeitrag.

Versicherter, versicherte Person: die Person, auf deren Leben sich der Versicherungsvertrag bezieht. Dies ist meist der Versicherungsnehmer, muss es aber nicht sein. Vorsicht: Hier sehen Polizei, Staatsanwaltschaft und Strafgerichte gern ein Mordmotiv!

Bezugsberechtigter: die Person, an die die Versicherungsleistung gezahlt werden soll. Auch hier sehen dumme Kriminalisten gern ein Mordmotiv.

Versicherung: Der Begriff ist mehrdeutig. Je nach dem Zusammenhang ist damit der Versicherungsvertrag oder der Versicherer (Versicherungsunternehmen) gemeint.

Versicherungsfall: die Bedingung, die eintreten muss, um die Versicherungsleistung zu erhalten, also Tod der versicherten Person (innerhalb der Versicherungslaufzeit) oder Erreichen eines bestimmten Zeitpunktes.

Eintrittsalter: Das Alter, das die versicherte Person bei Beginn der Versicherung (im Vertrag bestimmtes Versicherungsbeginndatum, nicht Abschlussdatum des Vertrages) erreicht hat. Berechnet wird das Eintrittsalter meist als Datum des Versicherungsbeginns plus/minus sechs Monate zum nächsten Geburtstag. Vom Eintrittsalter hängt die Prämienhöhe ab. Aus diesem Grund kann es sinnvoll sein, das Beginndatum in die Vergangenheit zu legen.

Versicherungsbeginn: Das im Versicherungsvertrag nach dem Kalender bestimmte Datum, ab dem die Versicherung beginnen soll, der Versicherer also das Risiko trägt.

Laufzeit: Die Zeit nach dem im Kalender bestimmten Versicherungsbeginn bis zu dem im Versicherungsvertrag nach dem Kalender bestimmten Versicherungsende oder bis zum Tod der versicherten Person.

Beitrag, Prämie: Die beiden Ausdrücke werden synonym verwendet. Es ist der Betrag, den der Versicherungsnehmer an den Versicherer zu zahlen hat. Die Zahlung kann einmalig („Einmalbeitrag") oder laufend erfolgen. Die Zahlungstermine sind alternativ: jährlich, halbjährlich, vierteljährlich, monatlich.

Unfallzusatz: Eine Lebensversicherung kann (manchmal) durch eine Unfallzusatzversicherung erweitert werden. Der Tod ist in der Lebensversicherung ein wichtiges Element, egal wie er eintritt oder bewirkt wird. Die Unfallzusatzversicherung bietet dann (meist) die Verdoppelung der Versicherungssumme, wenn der Tod durch einen Unfall bewirkt wurde.

Selbsttötung, Selbstmord: Der Selbstmord wird wie ein normaler Unfall behandelt, wenn der Selbstmord eben durch einen Unfall bewirkt wurde (Fahren gegen einen Brückenpfeiler: Verkehrsunfall mit Todesfolge). In den Versicherungsbedingungen wird die Selbsttötung, mindestens für eine bestimmte Wartezeit, ausgeschlossen.

Rückkaufswert: Der Rückkaufswert ist der Betrag zu dem der Versicherer den Versicherungsvertrag zurückkauft. Nur Versicherungen mit Sparanteil haben einen Rückkaufswert; dieser ist in den ersten Jahren meist 0 und steigt im Laufe der Zeit bis knapp unter die Ablaufleistung.

Deckungsstock: Der Deckungsstock ist die Summe der Beträge, die der Versicherer für jede Versicherung als Rücklage in seiner Bilanz zurücklegt. Der Wert wird mit den Mitteln der Versicherungsmathematik berechnet.

Grundstück

Lehrziel
    Das besondere Sachenrecht bei Immobilien
    Eigentumserwerb
    Mögliche Belastungen

Vorbereitende Aufgaben
    Beschaffen: Text BGB (Bürgerliches Gesetzbuch)
    Beschaffen: Text GBO (Grundbuchordnung)

Hilfsmittel
    Standard

Fähigkeiten
    Grundlagen
    Recht

Lehrstoff
    Das Recht am Grundstück
    Eigentumsübertragung
    Belastungen
    Formvorschriften

Vertiefung; Literaturhinweise; Querverweise
    Immobilienfinanzierung
    Alterssicherung (Altersversorgung)

Nachlaufende Aufgaben
    Besuch von (Zwangs)Versteigerungsterminen. Hinweis: Nicht dazwischenreden, keine Handzeichen geben, kein Kopfnicken – nur zuhören und lernen.

Textbeitrag (Grundstück)

„Grundstück" ist ein abgegrenzter Teil der Erdoberfläche.

Das Recht an Grundstücken ist im Dritten Buch des BGB (Sachenrecht) in den §§ 873 bis 902 geregelt, sowie für Grundschulden und Hypotheken in den §§ 1113 bis 1203.

Das Eigentum sowie die Änderung eines Rechts an einem Grundstück wird durch
    Einigung
    und Eintragung im Grundbuch
übertragen (§ 873 Abs. 1). Zwingende Formvorschrift: notarielle Beurkundung (oder Erklärung vor einem Urkundsbeamten des Grundbuchamtes).
Anmerkung: Eigentumsübertragung einer Sache: Immer durch a) Einigung und b) Übergabe. Die Übergabe wird bei Immobilien durch Eintragung im Grundbuch ersetzt. Schiffe werden wie Immobilien behandelt.

Eigentümer kann sein:
    Eine Einzelperson (natürliche Person oder juristische Person)
    Eine Personenmehrheit; der Anteil des Einzelnen kann jeweils beliebig sein.
Häufig sind:
    Gemeinsames Eigentum von Eheleuten (meist „zu gleichen Teilen")
    Erbengemeinschaften.
Sind mehrere Personen Eigentümer (Anteileigentümer) hat jeder entsprechend der Größe seines Anteils einen „ideellen Anteil". Ideeller Anteil: Jeder Miteigentümer hat diesen Anteil an jedem Sandkorn und jedem Atom dieses Grundstücks, ein ideeller Anteil ist also nicht einfach in einen realen Anteil umwandelbar. (Anmerkung: Ideelle Anteile gibt es auch an anderen Sachen und Rechten, dieser Begriff ist nicht auf Grundstücke beschränkt; typisch bei Erbengemeinschaften.)
Jeder Miteigentümer kann grundsätzlich über seinen (ideellen) Anteil so verfügen, wie ein Alleineigentümer: Der Anteil kann insbesondere ohne Mitwirkung der anderen Miteigentümer verkauft oder belastet werden, aber er darf nicht zerstört oder vernichtet werden (zum Beispiel: ein Bild), weil das die Rechte der Miteigentümer schädigte.
Miteigentümer-Verhältnisse führen oft zu erheblichen Problemen.

Grundbuch.

Das Recht des Grundbuchs geht nach der Grundbuchordnung (GBO).

Das Grundbuch wird beim Grundbuchamt, meist einem Amtsgericht angegliedert, geführt.

Im Grundbuch eingetragene Rechte unterliegen nicht der Verjährung.

Das Grundbuch genießt „öffentlichen Glauben", das heißt, seine Einträge gelten als richtig.

Das Grundbuch ist grundsätzlich öffentlich, jeder, der ein „berechtigtes Interesse darlegt" kann einsehen (§ 12 GBO), nur das Grundbuchamt glaubt nicht so leicht an das „berechtigte Interesse". In der Praxis muss der Normalbürger eine Vollmacht des (mindestens eines) Grundstückseigentümers vorlegen.

Gelöschte Einträge werden im Grundbuch „gerötet": Der gelöschte Eintrag ist rot unterstrichen.

„Öffentliche Lasten" (zum Beispiel Grundsteuer) werden nicht im Grundbuch eingetragen. Öffentliche Lasten liegen auf dem Grundstück. Der Erwerber haftet auch für die vom Verkäufer nicht gezahlte Grundsteuer.

Das Grundbuch ist gegliedert in drei Abteilungen.
Abteilung I
    Bezeichnung des Grundstücks nach Lage und Größe
    Bezeichnung des/der Eigentümer
Abteilung II
    „Grunddienstbarkeiten" als „dingliche Rechte" eingetragen. Dies sind zum Beispiel: Wegerechte (Nachbar darf über das Grundstück [an einer bestimmten Stelle] fahren; Leitungen (Nachbar darf eine Leitung an einer bestimmten Stelle durch das Grundstück bauen; Nutzungsrechte, zum Beispiel Wohnrecht.
Abteilung III
    Finanzielle Belastungen (Hypotheken, Grundschulden)
Grundbucheintragungen haben einen „Rang". Die Rangstufe ergibt sich aus dem Eintragungsdatum: Die ältere Eintragung hat den höherwertigen Rang (1. Rang geht vor zweitem, usw.). Die Rangstufe kann – mit Zustimmung des Berechtigten und des Grundstückseigentümers - beliebig geändert werden.

<u>Grundschulden, Hypotheken</u>
Die Eintragung erfordert die notarielle Form.
Der Gläubiger wird hierbei nicht gebraucht!
Das BGB kennt als Belastung eines Grundstücks eine:
    Hypothek
    Grundschuld.

Die Hypothek ist lediglich die Sicherung eine Forderung, sie hat immer nur den Wert der gesicherten Forderung, sie folgt dieser Forderung. Zur Darlehenssicherung werden heute Hypotheken kaum noch verwendet.

Die Grundschuld („Schuld ohne Grund") ist eine eigenständige Schuld des Grundstücks (nicht der Eigentümer!). Die Grundschuld existiert von sich heraus, ihr muss keine Forderung zugrunde liegen. Es kann allein aus der Grundschuld heraus die Zwangsversteigerung des Grundstücks betrieben werden. Es gibt Eigentümergrundschulden: Der Eigentümer lässt auf seinem Grundstück zu seinen Gunsten eine Grundschuld eintragen; jede normale Grundschuld wird durch sukzessive Tilgung des durch sie gesicherten Darlehens zu einer Eigentümergrundschuld.

Hinweis: Es gibt Juristen, Rechtsanwälte und sogar Notare, die den Unterschied zwischen Hypothek und Grundschuld nicht kennen!

Grundstückskauf.
Vorprüfungen:
- Ist der angebliche Verkäufer auch verfügungsberechtigt? (Alleineigentümer, Bevollmächtigter)
- Ist das Grundstück – als Bauplatz -
  - Erschlossen? (Liegen alle Versorgungsleitungen)
  - Sind die Anliegerkosten bezahlt? (Straßenbaukosten; Anfrage an Gemeinde)
  - Sind alle auf dem Grundstück liegenden Lasten (Grundsteuer) bezahlt?
- Stimmt die Grundstücksbezeichnung? (Kataster, Grundbuch)
- Stimmen Lage und Größe?
- Welche laufenden Verträge gibt es? („Kauf bricht nicht Miete)
- Auf Angaben des Maklers ist kein Verlass! Der Makler haftet nicht (immer) für falsche Angaben!

Der Kaufvertrag muss notariell beurkundet sein.
Das Grundstück muss genau bezeichnet sein.
Käufer und Verkäufer müssen genau bezeichnet sein.
Der Kaufpreis – eventuell mit Zahlungsweise – werden festgehalten. Hinweis: Falsche (zu geringe Preisangabe zur Minderung der Steuer und der Kosten) führen zur Unwirksamkeit des Vertrages; damit sollen Zahlungen „unterm Tisch" verhindert werden.
Der Notar setzt seine Freizeichnungen ein (wofür er nicht haftet – und das ist so ziemlich alles).

Nicht in den Kaufvertrag gehört etwas über den Makler und dessen Provision – der Makler hätte es aber gern und der Notar ist gern bereit, es in den Vertrag einzusetzen (denn der Makler schlägt oft den Parteien den Notar vor).
Ein guter Notar gibt den Vertrag den Parteien vorab als Entwurf zur Kenntnis und macht erst nach einer Frist von ein bis zwei Wochen den Termin für eine Unterschrift.
Der Vertrag muss vor dem Notar von beiden Parteien unterschrieben werden. Anschließend unterschreibt der Notar als der, der den Vertrag beurkundet hat – nicht als Partei.
Der Notar
- Gibt den Parteien je eine Abschrift.
- Er veranlasst (wenn dies im Vertrag erwünscht wurde, was die Regel ist) die Grundbucheintragung. Diese Grundbucheintragung ist sinnvollerweise stets zweiteilig:
  - Die Vormerkung im Grundbuch.
  - Die eigentliche Eintragung der Eigentumsübertragung und gleichzeitige Löschung der Vormerkung.
- Gibt eine Vertragskopie an das zuständige Finanzamt, wegen
  - Festsetzung und Eintreibung der Grunderwerbssteuer (die Grundbucheintragung erfolgt nicht, bevor nicht die Steuer gezahlt ist).
  - Kontrolle der Einkommensteuerdaten von Käufer, Verkäufer, Makler (wenn im Vertrag angegeben), Notar.
  - Vermögenssteuer des Käufers (wo hat der das Geld her?).

Der Käufer sollte unbedingt vor dem Kaufvertrag das Grundbuch einsehen (dafür braucht er eine Vollmacht des Verkäufers, die zu beschaffen wäre eine Aufgabe des Maklers).
Der Käufer sollte nach dem Kaufvertrag das Grundbuch erneut einsehen und kontrollieren, um nicht vom Verkäufer trickreich betrogen zu werden (Mehrfachverkauf, Eintragung einer Belastung).
Der Notar ist verpflichtet, rechtliche Auskünfte zum Vertrag zu geben. Dies ist Teil seiner Notarpflichten und mit seiner Kostenrechnung für die Beurkundung abgegolten – nur leider haben die Notare oft keine Ahnung und ihre Auskünfte sind bestenfalls wertlos oft aber direkt falsch.

Wird ein „ideeller Anteil" verkauft oder belastet, so kann dies ohne Kenntnis der Miteigentümer erfolgen, die Miteigentümer werden weder vom Notar noch vom Grundbuchamt automatisch unterrichtet.

Zwangsversteigerung. Das Grundstück wird dadurch „lastenfrei": Alle Lasten werden durch Geld abgelöst, alle Rechte gehen so unter. Als Kaufinteressent vor dem Versteigerungstermin beim versteigernden Amtsgericht die Grundstücksdaten abfragen.

Kosten, alle abhängig vom vereinbarten Kaufpreis:
- Notar (Vertrag nach Kostenordnung plus Mehrwertsteuer)
- Grundbuchamt (Eintragungskosten nach Kostenordnung – ohne Mehrwertsteuer)
- Grunderwerbssteuer (Ländersteuer)
- Eventuell Maklergebühren.

Immobilienfinanzierung

Lehrziel
   Heute ist es üblich, dass sich der Einzelne früher oder später mit dem Bau oder Kauf eines Hauses beschäftigt. Darum dieses Thema.
   Die wichtigsten Probleme beim Kauf eines Grundstücks (mit oder ohne Haus) zu kennen.

Vorbereitende Aufgaben
   Keine

Hilfsmittel
   Standard

Fähigkeiten
   Grundlagen
   Darlehen
   Grundstück

Lehrstoff
   Dinglich gesicherte (= im Grundbuch eingetragene) Darlehen
   Mehrere Gläubiger
   Darlehenslaufzeiten
   Vergleich alternativer Finanzierungen

Vertiefung; Literaturhinweise; Querverweise
   Hinweis: anwachsende Hypothek als Altersversorgung, erforderlich, (was vergessen wird) eine Anschlussrentenversicherung für den Fall, dass vom Leben noch was übrig ist, wenn das Haus aufgefressen ist.
   Erbbaurecht
   Eigentümerwechsel
   Vorfälligkeitsentschädigung
   Risikoversicherung (Kreditversicherung)
   Bausparkassen
   Bank
   Versicherungen
   Grundstück
   Recht (BGB)

Darlehen

Nachlaufende Aufgaben
Aufbau einer Finanzierung (Tilgungsplan) mit den Bedingungen:
I. Hypothek: 6 % Zins und 1 % Tilgung; Kapital: 100.000 €
II Hypothek: 5 % Zins und 7 % Tilgung: Kapital: 50.000 €
III Hypothek: 1 % Zins und 3 % Tilgung, anwachsend als Tilgungshilfe mit 4 % für II. Hypothek
Zahlungsplan für den Finanzierungsfehler (Zinshypothek mit Bausparvertrag) aufstellen!

Textbeitrag (Immobilienfinanzierung)

Eine Immobilienfinanzierung besteht aus einem oder mehreren Darlehen, für die alle Merkmale eines Darlehens gelten, jedoch mit den Besonderheiten:
Es geht (meist) um größere Beträge.
Es geht (meist) um längere bis lange Laufzeiten.
Das/die Darlehen werden (meist) durch Grundschuldeinträge im Grundbuch gesichert.

Für die Immobilienfinanzierung gilt die klassische Regel: Das Grundstück (der Bauplatz) muss vorhanden sein beziehungsweise durch Eigenmittel erworben werden. Für die Finanzierung bedeutet dies, dass mindestens 20 bis 40 Prozent des Gesamtwertes (= Kaufpreis plus Erwerbsnebenkosten) durch Eigenmittel gedeckt werden.

Das noch unbebaute Grundstück, der Bauplatz, wird nur ungern von den Geldgebern finanziert, ausgenommen Bausparkassen.

Und hier beginnt ein Traum. Das Haus, neugebaut, soll mit Grundstück 200.000 Euro kosten, das Grundstück allein davon 50.000 Euro. Um das auf einmal zu finanzieren, bräuchte der Träumer 40.000 bis 80.000 Eigenmittel auf dem Konto. Die aber hat er nicht, er mag mit einiger Mühe 20.000 Euro zusammenbringen. Mit diesen 20.000 Euro bespart er einen Bausparvertrag über 50.000 Euro und bekommt mit etwas Glück und der richtigen Wahl der Bausparkasse und des richtigen Tarifs in wenigen Jahren die Zuteilung. Jetzt geht unser Träumer hin und kauft mit dem Bausparvertrag (20.000 angespart plus 30.000 Bausparkredit) erst einmal das Grundstück. Gelingt es dem Träumer auch noch eine Wohnlaube daraufzustellen, dann spart er ab jetzt die Miete, kann das Bauspardarlehen schneller zurückzahlen, hat danach das nötige Eigenkapital (das jetzt entschuldete Grundstück als Bauplatz) und kann mit weiteren Krediten – mit oder ohne Bausparkasse – den Traum vom selbstgebauten Häuschen erfüllen. Kleiner Hinweis: In dem Grundstückskaufvertrag steht nichts vom Makler und nichts vom späteren Bau, etwa durch den Verkäufer. Dann gelten für die Notarkosten, Grundbucheintragung, Grunderwerbssteuer, Maklergebühren nur der Grundstückswert von 50.000 Euro als Berechnungsgrundlage. Wird hingegen – taktisch falsch – in dem Grundstückskaufvertrag etwas von dem späteren Bauauftrag über weitere 150.000 Euro gesagt, dann werden die Gebührengläubiger gern zu dem höheren Vertragswert von 200.000 Euro ausgehen und die Nebenkosten steigen unnötig um über 10.000 Euro an.

Regel: Im Grundstückskaufvertrag nichts von Makler und weiteren getroffenen Vereinbarungen mit dem Verkäufer sagen – auch im Gespräch mit dem Notar nichts Derartiges andeuten! Sind weitere Verträge zwischen Verkäufer und Käufer erforderlich, so bedürfen die alle nicht einer notariellen Form und können ohne Kenntnis des Notars nebenher abgeschlossen werden – mit der schwebend-unwirksamen Erklärung: „Dieser Vertrag gilt nur, wenn es zu dem Grundstückskaufvertrag ... kommt".

Für die klassische Immobilienfinanzierung werden Annuitätendarlehen eingesetzt. Die klassische Finanzierung zeigt diese Verteilung:
    ca. 40 bis 60 Prozent I.Hypothek (erststellig gesichert)
    ca. 20 bis 40 Prozent II. Hypothek (nachrangig [an 2. Stelle] gesichert)
    ca. 20 bis 40 Prozent Eigenmittel.

Die nachrangigen Darlehen typisch (Darlehensbedingungen beachten) haben gegenüber dem erstrangig gesicherten Darlehen:
    einen höheren Nominalzinssatz,
    einen höheren Nominaltilgungssatz,
    eine kürzere Laufzeit.

In der Immobilienfinanzierung werden die Darlehen als „Hypothek" bezeichnet, abgeleitet von dem Rechtskonstrukt „Hypothek" im BGB. Tatsächlich werden diese Darlehen heute aber durch eine „Grundschuld" (BGB) gesichert (andere Ausdrucksweise: „abgesichert" „besichert").

Der Ausdruck „Schornsteinhypothek" bezeichnet eine Hypothek, die so schlecht im Rang gesichert ist, dass sie über den Schornstein, also den Wert des Grundstücks, hinausreicht, mithin eigentlich gar nicht mehr gesichert ist.

Die Darlehenslaufzeit sollte
- im Mietwohnungsbau nicht über 40 Jahre (besser < 30 Jahre),

- im Eigenheimbau nicht über 25 Jahre (besser < 15 Jahre) liegen.

Laufzeiten typischer Annuitätendarlehen

Zinssatz	Tilgungssatz	Annuität	Laufzeit in Jahren
4	1	5	41
5	1	6	37
6	1	7	33
7	1	8	31
9	1	10	27
10	1	11	25
5	3	8	20
5	5	10	14

Daraus folgt:
- Im Mietwohnungsbau sollten die Annuitäten zwischen 5 und 8 Prozent liegen,
- Im Eigenheimbau sollten die Annuitäten zwischen 10 und 12 Prozent liegen.

Mit dem bisher gesagten käme man bei einem Objektwert (in billiger Lage, kleines Häuschen) von 150.000 Euro und 15.000 Euro Nebenkosten auf diese Finanzierung:
- 65.000 Eigenmittel
- 100.000 Fremdmittel mit den Bedingungen:
  - 4 Prozent Zinssatz und 8 Prozent Tilgungssatz, Laufzeit: 10,3 Jahre oder
  - 8 Prozent Zinssatz und 4 Prozent Tilgungssatz, Laufzeit: 14,3 Jahre.

In beiden Fällen wäre die Annuität 12 Prozent oder 12.000 Euro im Jahr, bzw. 1.000 Euro im Monat.

Durch eine geringere Tilgung kann die monatliche Belastung gesenkt oder bei gleicher monatlicher Belastung die Kreditsumme erhöht werden. In beiden Fällen wird die Tilgungszeit verlängert.

Beispiel					
Kapital	Zinssatz	Tilgungssatz	Annuität %	Annuität €	**Laufzeit**
100.000	4	6	10	10.000	13,0
100.000	4	4	8	8.000	17,7
120.000	4	6	10	12.000	13,0
150.000	4	4	8	12.000	17,7

Eine solide Finanzierung ist bis zum zeitlichen Ende, also der Tilgung aller Fremdmittel, durchfinanziert. Eine Hypothek zu 4 Prozent Zinsen und 1 Prozent Tilgung aufgenommen läuft eben 41 Jahre und eine Hypothek zu 6 Prozent Zinsen und 1 Prozent Tilgung eben 33 Jahre. Nun glaubt aber der Darlehensnehmer der 6 Prozent Hypothek, dass in den nächsten Jahren der Zinssatz fallen werde und folglich möchte er sich nur auf eine kürzere Zeit, zum Beispiel 10 Jahre binden. Ebenso hofft der Kreditgeber der 4 Prozent Hypothek, dass der Zins bald steigen werde, und möchte auch keine Ewigkeitsbindung. Beide spekulieren auf eine für sie bessere Zinslage. Aus diesem Grund sind die Hypotheken mit Zinsbindung auf Zeiten von meist 10, 15, selten 20 Jahre geworden. Alle spekulieren, sie sind „Spekulanten", die von Ideologen so verleumdet werden.

Für die Finanzierung gibt es jetzt das Problem, dass nur bis zum Ablauf der Zinsbindungsfrist die Finanzierung gesichert ist, was dann kommt, ist alles offen. Normalerweise ist das Restdarlehen mit Ablauf der Zinsbindungsfrist fällig. - Aber der Häuslebauer kann diesen Restbetrag nicht aus Eigenmitteln bezahlen, also muss er eine Anschlussfinanzierung aufbauen und zwar unter der für ihn ungünstigen Bedingung, dass die Anschlussfinanzierung bis zum Ablauftermin der alten Finanzierung stehen muss. - Eine herrliche Lage für jeden Erpresser, denn es droht die Zwangsversteigerung und der Konkurs wegen Zahlungsunfähigkeit!

Der Tilgungsplan gibt abhängig von Zinssatz und Tilgungssatz Auskunft, wie hoch die Restschuld nach einer bestimmten Anzahl von Jahren ist.

Restschuld in Prozent des Anfangsdarlehens nach 10 Jahren					
Zinssatz	Tilgungssatz				
	1	2	3	4	5
4	88,0	76,0	64,0	52,0	40,0
8	85,5	71,0	56,5	42,0	27,5

Restschuld in Prozent des Anfangsdarlehens nach 15 Jahren						
Zinssatz	Tilgungssatz					Laufzeit endet nach ... Jahren
	1	2	3	4	5	
4	80,0	60,0	40,0	20,0	0,0	15
8	73,0	45,7	18,5	0,0	0,0	14,3 bei 4 % Tilgung. 12,4 bei 5 % Tilgung

Anwachsende Tilgungshilfehypothek.
Ist die Last der Annuität zu hoch, kann mit einer anwachsenden Tilgungshilfehypothek geholfen werden. Das Darlehen dieser Hypothek beginnt mit Null und wächst mit jeder Hilfezahlung an. Dieses Darlehen erreicht sein Maximum mit der letzten Hilfezahlung und wird von da an wie ein normales Annuitätendarlehen getilgt. Abgesehen von den (vermutlich) unterschiedlichen Zinssätzen des Tilgungshilfedarlehens und dem geholfenen Darlehen wirkt es so, als wäre beim geholfenen Darlehen der Tilgungsprozentsatz geringer.

Beispiel Darlehen mit Tilgungshilfedarlehen

Zeit	Darlehen				Tilgungshilfedarlehen			Belastung gesamt		
	Zins	Tilgung	Annuität	Kapital	Zins	Hilfe/ Tilgung	Kapital	Zinsen	Tilgung	Summe
	5 %	7 %		100 %	5 %	4 %				
0	-	-	-	100,00	-	-	0	-	-	-
1	5,00	7,00	12,00	93,00	0	4	4	5	3	8
2	4,65	7,35	12,00	85,65	0,2	4	8	4,85	3,35	8,2
3	4,28	7,52	11,80	78,13	0,4	4	12	4,68	3,52	8,2

Steuern.
Der Staat greift mit Steuern und Subventionen ein.
Beim Erwerb:
- Grunderwerbssteuer (entspricht Umsatzsteuer auf Grunderwerb, Ländersteuer, um 5 Prozent)
- Umsatzsteuer (bei den Notargebühren)

Sparprämien (in besonderen Fällen [Bausparen] mit besonderen Bedingungen)
- Bausparprämien
- Vermögensbildungszuschuss

Zinsbegünstigung (in besonderen Fällen, zinsgünstige Darlehen [von der KfW])
- Modernisierung
- Energieeinsparung

Einkommensteuer
- Besteuerung von Zinserträgen in der Sparzeit
- Absetzbarkeit der Zinskosten vom steuerpflichtigen Einkommen (<u>nicht</u> der Steuer!)
- Abschreibung, auch erhöhte AfA-Sätze

<u>Zinsdarlehen, Zinshypothek</u>

Zinsdarlehen ist ein Darlehen, das laufend nur verzinst wird auf das aber laufend keine Tilgung gezahlt wird. Die Tilgung erfolgt zu einem festgesetzten Termin in einem Betrag. Gegenüber einem normalen Annuitätendarlehen ist bei gleicher Laufzeit die laufende Belastung geringer, der gesamte Zinsbetrag jedoch höher. Im Allgemeinen nicht empfehlenswert.

Finanzierungsfehler

Bisweilen wird empfohlen, eine Zinshypothek durch einen anzusparenden Bausparvertrag abzulösen. Diese Konstruktion ist (fast) immer schlecht.

Zur Laufzeit der Kredite

Im Einfamilienhaus kommt es auf die finanzielle Lebensplanung des Erbauers/Käufers an. Die finanzielle Lebensplanung sieht ungefähr so aus:
    Bis 15 Jahre: Kindheit, Leben auf Kosten der Eltern
    15 bis 25 Jahre: Ausbildung, Lernen, Berufswahl
    20 bis 30 Jahre: Beruf festigen
    25 bis 50 Jahre: Familiengründung, Kinder, Hausbau
    Ab 45 spätestens 50 Jahre: Zeit die eigene Altersversorgung aufzubauen.

In dieser Lebensplanung sind maximal 25 Jahre Zeit für den Hausbau, Hausfinanzierung. Eigentlich sind diese Grenzen sogar zu weit gefasst und so bleiben in Wahrheit eher nur 15 Jahre dafür übrig. In diesen 15 Jahren müssen die Immobilienkredite getilgt sein. Das dann fertige, schuldenfreie Haus ist, selbstgenutzt, ein Teil der eigenen Altersversorgung.

Im Mietwohnungsbau sieht diese Rechnung anders aus. Die Abschreibungszeit, Neubau nach Steuerrecht mit 2 Prozent, geht von einer Gebrauchsdauer von 50 Jahren aus. Damit sollten die Baukredite nach 35 Jahren getilgt sein. Diese Laufzeit entspricht der klassischen Annuitäten-Hypothek mit 6 Prozent Zinsen und 1 Prozent Tilgung, die eine Laufzeit von 33 Jahren hat. Die restlichen Betriebseinnahmen der restlichen Gebrauchszeit werden einerseits für unvermeidliche Instandsetzungen sowie den Abriss gebraucht, um den Altbau durch einen Neubau zu ersetzen.

Effektivzinsermittlung

Lehrziel
    Begriff und Problematik vom Effektivzins
    Berechnungsmethode
    Einzubeziehende Daten

Vorbereitende Aufgaben
    Keine

Hilfsmittel
    Standard

Fähigkeiten
    Grundlagen
    Zinsrechnung
    Einfache Zinsrechnung
    Zinseszinsrechnung
    Rentenrechnung

Lehrstoff

Grundidee: Es wird der Zinssatz gesucht, mit dem man alle Leistungen und Gegenleistungen zum Ausgleich bringen kann.

Die Realisierungsidee ist einfach: Alle Zahlungen werden auf einen bestimmten Zeitpunkt auf- oder abgezinst.

Probleme bei der Realisierung:
    Welche Rechenmethode soll verwendet werden?
        Einfache Zinsrechnung?
        Zinseszinsrechnung, in Sonderfällen Rentenrechnung?
        Gemischte Rechnung beider Berechnungsarten?
    Welche Daten (Bedingungen des Darlehens- oder Sparvertrages; Randbedingungen) sollen, oder müssen in die Rechnung einbezogen werden?

Vertiefung; Literaturhinweise; Querverweise

Nachlaufende Aufgaben
Keine

Textbeitrag (Effektivzinsermittlung)

Beispiel: Anlage von Monatsgeld bei der Bank.
1.000 Anlagekapital; unverändert, wird von Monat zu Monat prolongiert.
12 Monate Anlagezeit insgesamt (also 11-mal prolongiert)
6 Prozent Nominalzinssatz (Jahreszinssatz!)
0,5 Prozent Rechnungszinssatz (6/12=0,5; die Bank geht vom vereinbarten Nominal(jahres)zinssatz aus und teilt diesen durch 12).
Der Zinsbetrag wird monatlich errechnet und dem zinstragenden Anlagekapital zugeschlagen. $Z = (K \cdot p \cdot t)/100 = (K/100) \cdot (p/12) \cdot 1 = (K/100) \cdot 0{,}5$

	Monatsgeld, normal K=1000; p=6		
Monat	Zinsen	Kapital	Bemerkungen
-	-	1000,000000	Start
Januar	5,000000	1005,000000	Monatsende
Februar	5,025000	1010,025000	
März	5,050125	1015,075125	
April	5,075376	1020,150501	
Mai	5,100753	1025,251253	
Juni	5,126256	1030,377509	
Juli	5,151888	1035,529397	
August	5,177647	1040,707044	
September	5,203535	1045,910579	
Oktober	5,229553	1051,140132	
November	5,255701	1056,395833	
Dezember	5,281979	1061,677812	

Hätten wir das Kapital von 1.000 auf ein Jahr zu 6 Prozent angelegt, dann hätten wir (1000*0,06=) 60 bekommen. Die Zahlenreihe in der Spalte „Kapital" zeigt aber das Tausendfache der Zinseszinsfaktoren von 10,005 an; die Formel $1{,}005^{12} = 1{,}061677812$

führt uns zum gleichen Ergebnis. Mit welchem Zinssatz hat die Bank unser Monatsgeld nun wirklich („effektiv") verzinst?
Z=(K*p*t)/100; aufgelöst nach p: p = (Z*100) / (K*t); da t=1 ist p:
(61,677812*100)/1000 = 6,1677812 Prozent.

Wir modifizieren unser Beispiel und führen Gebühren ein: 5 Einrichtungsgebühren am Anfang einmalig; 0,50 Buchungsgebühr bei jeder Zinsgutschrift.

Monatsgeld, modifiziert; 1000 Kapital; p=6; 5 Einrichtungsgebühr; 0,50 Buchungsgebühr				
Monat	Zinsen	Gebühren	Kapital	Bemerkung
-	-	-	1000,000000	Start
-	-	5,00	995,000000	Einrichtung
Januar	4,975000	0,50	999,475000	
Februar	4,997375	0,50	1003,972375	
März	5,019862	0,50	1008,492237	
April	5,042461	0,50	1013,034698	
Mai	5,065173	0,50	1017,599872	
Juni	5,087999	0,50	1022,187871	
Juli	5,110939	0,50	1026,798810	
August	5,133994	0,50	1031,432804	
September	5,157164	0,50	1036,089968	
Oktober	5,180450	0,50	1040,770418	
November	5,203852	0,50	1045,474270	
Dezember	5,227371	0,50	1050,201642	
Summe	61,201642	11,00		

Effektiv-Zinssatz:
$$Z = (K * p * t) / 100$$
$$p = (Z * 100) / (K * t); \text{ da hier } t = 1 \text{ ist:}$$
$$p = ((61,201642 + 11,0) * 100) / 1000 = \underline{7,2201642}$$

Kleinkredit.
          Kaptal: 20.000
          Anzahl Monatsraten: 42
          Ratenhöhe: 510
Die Rückzahlung (Ratenzahlung) beginnt am Ende des ersten Monats (einen Monat nach Aufnahme des Kredits). Offenbar haben wir es mit einer Rente zu tun, die *nachschüssig 42-mal* in der Höhe von *510* zu zahlen ist und deren *Barwert 20.000* beträgt. Es soll also mit der Formel für einen nachschüssigen Rentenbarwert gerechnet werden:
          $^{nach}a_n = (1 / r^n) * ((r^n - 1) / (r - 1))$
Gesucht wird der Aufzinsungsfaktor r.
Da es hier um monatliche Ratenzahlung geht, steckt in r der konforme Zinssatz für Monate drin, der am Ende der Rechnung wieder in den üblichen Jahreszinssatz umgerechnet werden muss.

Abschätzung des Zinssatzes.
          Anfangskapital K_0 = 20.000
          Endkapital K_n = 42*510 = 21.420
          Zinsen Z = $K_n - K_0$ = 21.420 - 20.000 = 1.420
Da das Kapital über die Zeit von 42 Monaten ungefähr gleichmäßig getilgt wird, beträgt die Schuldsumme im Mittel ungefähr: $K_m = K_0/2$ = 20000/2 = 10000.
Dieses Schuldkapital K_m = 10.000 bringt in 42 Monaten die Zinsen von 1.420; also ist der Zinsbetrag in 12 Monaten (= 1 Jahr) ungefähr: (1.420/42)*12 = 405,71 und das ergibt einen Zinssatz von (405,71/10000)*100 = 4,0571 Prozent. In dieser Größenordnung muss also unser Ergebnis liegen.
Der Aufzinsungsfaktor wäre ^{Jahr}r = 1,040571. In unserer Formel brauchen wir aber den konformen Monatszinssatz: $^{Monat}r = \sqrt[12]{^{Jahr}r} = \sqrt[12]{1,040571}$ und das ist ungefähr (1+0,040571/12) = 1,0033809 und mit diesem Wert beginnen wir unsere Versuche in der Rentenformel.
          20000/510 = 39,215686 = $^{nach}a_n = (1 / r^n) * ((r^n - 1) / (r - 1))$
1. Versuch: r = 1,0033809; $^{nach}a_n$ = 39,092849
2. Versuch: r = 1,0034; $^{nach}a_n$ = 39,0772
3. Versuch: r = 1,003; $^{nach}a_n$ = 39,40628
4. Versuch: r = 1,0032; $^{nach}a_n$ = 39,2413
5. Versuch: r = 1,003231; $^{nach}a_n$ = 39,215786
Rückrechnung in den Jahreszinssatz: $^{Jahr}r = {^{Monat}r}^{12}$ = <u>1,039468473</u>.
Dar Jahreszinssatz (effektiv) ist also: 3,947 Prozent.

Wirtschaftskunde, Heft 1;
Grundlagen

Vorwort

Grundlagen - Dreisatzes

Grundlagen – Prozentrechnung

Grundlagen – einfache Zinsrechnung

Grundlagen – Potenzrechnung

Grundlagen – Zinseszinsrechnung

Grundlagen – Rentenrechnung (mathematische Renten)

Grundlagen – Staffelrechnung

Grundlagen – Statistik (Einführung)

Grundlagen – Recht (Einführung)

Preiserhebung

Einkaufsplanung

Haushaltsplan – privat

Werbung

Preise

Index

Wirtschaftskunde, Heft 3;
Staat und Volkswirtschaft

In Vorbereitung mit diesen Themen:

Bevölkerung

Gesetzliche Versicherungen

Altersversorgung

Umlagefinanzierung

Versicherungen

Staat als Wirtschaftssubjekt

Öffentliche Haushalte

Steuern, Abgaben.

Staatsschulden

Subventionen.

Volkswirtschaft, Einführung

Wasserrechte

Reihe Müllers Sachtexte

Band 1; Hermann Müller: Bevölkerungspolitik;
   ISBN 978-3-86468-100-4

Band 2; Hermann Müller: Rente;
   ISBN 978-3-86468-081-6

Band 3; Hermann Müller: Wirtschaftskunde, Heft 1, Grundlagen
   ISBN 978-3-96014-208-9
   als E-Book: ISBN 978-3-96014-219-5

Band 4; Hermann Müller: Wirtschaftskunde, Heft 2, Geld und Banken
   ISBN 9783743181977
   E-Book: ISBN

Band 5; Hermann Müller: Unsere Rente
   ISBN 9783743165854
   als E-Book: ISBN

Reihe Müllers Erzählungen

Band 1; Hermann Müller: Müllers Erzählungen Band 1;
 ISBN 978-3-943048-99-5

Band 2; Hermann Müller: Müllers Erzählungen Band 2; Krimis
 ISBN 978-3-86468-010-6

Band 3; Hermann Müller: Müllers Erzählungen Band 3;
 ISBN 978-3-86468-035-9

Band 4; Hermann Müller: Der Käfig;
 ISBN 978-3-86468-677-1
 als E-Book: ISBN 978-3-86468-678-8

Band 5; Hermann Müller: Der kleine Zauberer;
 ISBN 978-3-86468-593-4
 als E-Book: ISBN 978-3-86468-594-1

Band 6; Hermann Müller: Die Waffe der Frauen;
 ISBN 978-3-86468-634-4
 als E-Book: ISBN 978-3-86468-635-1

Band 7; Hermann Müller: Brautkuss;
 ISBN 978-3-86468-649-8
 als E-Book: ISBN 978-3-86468-650-4

Band 8; Hermann Müller: Saalemündung zu Dritt;
 ISBN 978-3-86468-733-4
 als E-Book: ISBN 978-3-86468-734-1

Band 9; Hermann Müller: Ev;
 ISBN 978-3-86468-747-1
 als E-Book: ISBN 978-3-86468-748-8

Band 10; Hermann Müller: Mord oder ...?;
 ISBN 978-3-86468-774-7
 als E-Book: ISBN 978-3-86468-775-4

Band 11; Hermann Müller: Ein Fall für Rosi;
 ISBN 978-3-86468-783-9
 als E-Book: ISBN 978-3-86468-784-6

Band 12; Hermann Müller: Klarer Fall;

ISBN 978-3-86468-801-0
als E-Book: ISBN 978-3-86468-802-7

Band 13; Hermann Müller: Die Nacht der Hexen;
ISBN 978-3-86468-820-1
als E-Book: ISBN 978-3-86468-821-8

Band 14; Hermann Müller:
Die Leben der Dona Anna Maria Katharina; ISBN 978-3-86468-831-7
als E-Book: ISBN 978-3-86468-832-4

Band 15; Hermann Müller: Auf Wiedersehen im Paradies;
ISBN 978-3-86468-927-7
als E-Book: ISBN 978-3-86468-928-4

Band 16; Hermann Müller: LH774;
ISBN 978-3-96014-139-6
als E-Book: ISBN 978-3-96014-140-2

Band 17; Hermann Müller: Die zweite Leiche;
ISBN 978-3-96014-157-0
als E-Book: ISBN 978-3-96014-158-7

Band 18; Pitr E. Nis: Bondage und mehr;
ISBN 978-3-96014-174-7
als E-Book: ISBN 978-3-96014-175-4